改进孩子学习习惯全攻略

尤红玲/编著

江西科学技术出版社

图书在版编目(CIP)数据

改进孩子学习习惯全攻略/尤红玲编著.—南昌:江西科学技术出版社,2010.6
ISBN 978-7-5390-3514-7
Ⅰ.①改… Ⅱ.①尤… Ⅲ.①学习方法-青少年读物 Ⅳ.①G797-49
中国版本图书馆CIP数据核字(2010)第043530号

国际互联网(Internet)地址:
http://www.jxkjcbs.com
选题序号:**KX**2010046
图书代码:**D**10017-101

改进孩子学习习惯全攻略 尤红玲 编著

出版发行 江西科学技术出版社
社址 南昌市蓼洲街2号附1号
邮编:330009 电话:(0791)6623491 6639342(传真)
印刷 深圳市彩美印刷有限公司
经销 各地新华书店
开本 170mm×240mm 1/16
字数 180千字
印张 15
版次 2010年7月第1版 2010年7月第1次印刷
书号 ISBN 978-7-5390-3514-7
定价 26.80元

赣版权登字-03-2010-127

目 录

第 1 章 走进孩子的心灵花园

第 2 章 学习是每个人自己的事

第 3 章　鼓励是最好的学习营养剂

第 4 章　让兴趣点燃学习热情的火种

第 5 章　提高孩子的学习能力

第9章 考试不是学习的目的

第 1 章　走进孩子的心灵花园

不能把小孩子的精神世界变成单纯学习知识。如果我们力求使儿童的全部精神力量都专注到功课上去，他的生活就会变得不堪忍受。他不仅应该是一个学生，而且首先应该是一个有多方面兴趣、要求和愿望的人。

——苏霍姆林斯基

(前苏联著名教育实践家和教育理论家)

了解孩子是教育孩子的基础

每一位父母都疼爱自己的孩子，都希望通过自己的努力，把孩子教育成一个有所作为的人。但是怎样去爱，怎样去教育孩子却不是一件简单的事情。很多父母把所有的爱都给了孩子，付出了所有的心血，可是有时候效果却并不怎么让人满意，父母为此而苦恼。

其实，父母在教育孩子之前，首先要学会问自己是不是真的了解孩子。做父母的首先要保持良好的心态，确立正确的家庭教育思想和方法，切实了解孩子的心理年龄特点及实际水平，这样才能对孩子进行针对性的、有的放矢的教育。

“你了解自己的孩子吗？”“当然了解！”几乎所有的父母都会这样回答。而事实上，却未必。

有一个成绩优秀的孩子，就读于一所重点中学，却在春节之后新学期开学的第一天离家出走了。这个孩子的家庭条件很好，父母都是机关干部，爷爷奶奶、姥姥姥爷也都是离休干部。家人们都不明白孩子为什么要出走。

在孩子找回来之后，班主任去他家，想了解孩子离家出走的原因。

当班主任问孩子为什么离家出走时，孩子的爸爸赶紧检讨说：“都是我们不好，老让孩子学习，给孩子的压力太大了。”

可孩子却摇了摇头，说：“我离家出走，只是想让自己好好地活一回。平时爸妈对我的管束实在太多了。他们根本就不了解我的想法，老是一厢情愿地把自己的想法强加到我身上。班里还有好多同学都有这样的想法。”

孩子的话,令父母目瞪口呆。

孩子离家出走是因为父母对自己的管束太多,而父母则以为是自己给孩子的压力太大。从中我们可以看出,有些父母是不了解自己的孩子的。另有一则外国故事,讲的是:

一位科学家用小勺给他的小狗喂鱼肝油,小狗挣扎着把勺子打翻在地,然后却跑过去舔这个勺子。这位科学家说:“小狗给我上了一课。它不是不喜欢吃鱼肝油,而是不喜欢我喂鱼肝油的方式。”

这位科学家以一种学习的态度,认识到事物的本质,而很多父母缺乏的正是这种学习的态度。他们理所当然地认为:难道我还不了解自己的孩子吗?孩子是我生的,我对孩子付出了全身心的爱,孩子爱吃什么,不爱吃什么,我都了如指掌。

父母对孩子的爱不可否认,但爱孩子,不等于了解孩子,爱孩子的方式不等于孩子就能接受。会教育的父母,应当是善于与孩子沟通的父母,即:善于发现孩子在想什么,在做什么。我国古代《礼记·学记》认为:“知其心,然后能救其失也。教也者,长善而救其失者也。”因此,作为父母,有必要洞察孩子的心,全面把握他们的长处和短处,再有针对性地“长善”和“救其失”,这样才能使孩子健康成长。

那么,父母怎样才能真正了解自己的孩子呢?下面的建议供给父母们参考:

提高自身的素质。父母可以多听一些教育讲座,多看一些家教书刊,多学习一些儿童心理学、教育学等方面的知识。只有具备了知识基础,你才能了解孩子在不同的成长阶段所具有的心理特点,这样才能真正做到有的放矢地去和孩子交流。

学会和孩子做朋友。做朋友是需要许多共同语言的。和孩子建立共同语言,你最好能够多抽出一些时间和孩子一起玩,一起看电视,一起品足球等等。当然,你更要关心孩子的心事,及时帮孩子排忧解难。这样,你才能在生活中了解孩子内心深处的想法,从而知道孩子需要怎样的帮助。

平等地对待孩子。父母要努力营造一种民主、和谐的家庭气氛,在日常生活中,父母要允许孩子根据自己的意愿进行选择,鼓励孩子自己作一些决策。比如,问问你的孩子:“你想吃苹果还是香蕉?”而不是强制性地要求孩子吃苹果;和孩子一起协商:“星期天你想怎么安排?”而不是按自己的想法为孩子安排周末等等。只有平等地对待孩子,孩子才会愿意跟你交流,对你说实话、真话,你才能够了解孩子的真正想法。

用话语表达对孩子的爱。父母要对孩子表达自己的爱,让孩子感到家庭的温暖。比如,当孩子从学校回家时情绪激动地对你说:“我很生气,老师今天对我大叫!”这时候就不宜上来就说:“你又犯什么错了?”这样的话,孩子就觉得没有必要跟你继续交流下去了;相反,如果你换个说法:“老师对你大叫?那一定是她已经无法忍受了”,对孩子的感受就不同;这句话会让他感到被理解和被爱,知道父母站在他的一边,支持他。一旦打开了与孩子心灵的沟通渠道,你与孩子之间的传达和理解就会变得非常容易。

不要随便批评孩子。由于父母和孩子的价值观不同,一些父母总想做孩子的法官,总是以挑剔的眼光去看孩子。一旦发现孩子犯了错,就立刻批评孩子。而实际上,只简单地评判孩子的是与非,很容易引起孩子的反感,使他们觉得父母总是对自己不放心，总在寻找机会“教训”自己。如果孩子存在这样的情绪，就不会愿意听父母的话，父母就不能了解到他们的所思所想了。所以，较好的办法是父母做法官之前先做律师，当你想批评孩子的时候，不妨先在心里为孩子辩护。

父母应该把握住孩子成长的关键期，只有在对孩子充分的了解之后，科学的教育才有效，也才有益于孩子的身心健康。

关注孩子的喜怒哀乐

教育专家周宏曾说过一句话：“教育成败的关键是孩子的心情是否舒展，当孩子心情舒展时，他就能快乐而轻松地飞，否则他只能痛苦而缓慢地爬。”孩子虽小，却也是一个独立的个体，小小的他们也有自己的喜怒哀乐，他们渴望得到父母的关注和重视。

莹莹是一个成绩优秀的女孩，但她不爱跟同学说话，在家跟父母交流得也不多。有一次，期终考试，莹莹在全年级排第二名，老师特地夸奖了她，并且说她有希望考取重点高中。莹莹很高兴，回家后马上把这个好消息告诉了父母。没有想到在她刚开始讲时，父母就在忙这忙那，听完后也没有什么特别的表示，只是说“知道了”三个字，本来十分兴奋的莹莹，看见父母这样的态度，好心情马上就不见了。

还有一次，莹莹考试发挥失常，名次一下落后了许多，她很难受。放学回家见到妈妈后，就想同她说说话。妈妈看见她的神情，就问：“有什么事吗？有事就说,没事我还忙着呢。”莹莹听了妈妈的话,知道即便自己说出来,妈妈也不会安慰自己,心里的疙瘩还是解不开,所以就回答妈妈说没事。这样多次之后,莹莹就很少跟父母说起自己的学校生活了。

每个人都有与别人分享情感的需要,而孩子这方面的需要尤其强烈。因为孩子在成长的过程中,会出现各种各样的情绪问题。厌学、与不良孩子交友、上网玩游戏成瘾、与父母或老师逆反、内向孤僻不合群、敏感自卑、不能承受困难和挫折、不容易适应新环境、考试紧张、缺乏自信等,这些情绪问题都会严重影响孩子的学习。

父母如果不关注孩子的情绪,常常还会引发一些严重的不可预知的后果。翻开报纸,每天都有类似这样的新闻:一个 13 岁的孩子,因为学习压力过大而自缢身亡;一个孩子因为厌学而离家出走。生活中,发生得最多的是,孩子越来越叛逆,出现与父母发生冲突,发脾气、摔东西、大哭大闹等情绪问题。这些都需要引起父母的注意。

平时,父母要特别关注孩子的心理需求,无论多忙,都应抽空与孩子交流和分享他的喜怒哀乐,与孩子一起笑,一起悲,成为孩子的知己,这是父母教育孩子的最高境界。像上例中莹莹的父母那样,因为忙而忽略了与孩子分享情感的需要,也就等于剥夺了孩子健康成长的养料,阻碍了孩子全面发展的进程,严重的情况下,还会给孩子造成性格和心理的缺陷。这样的父母,都是不称职的。

只有关注孩子的喜怒哀乐,才有利于协调父母与孩子之间的关系,让孩子感到父母在关心、爱护他们,从而取得孩子的信任。在家庭教育中,父母的信任可使孩子感到他们与父母处于平等的地位,从而对父母更加敬爱和亲近,并乐于向父母倾吐心声。比如，当孩子感到孤独、痛苦时，父母若能及时发现，与孩子一起分担他的烦恼、痛苦，对孩子加以引导帮助，则可以使孩子更快地从痛苦中走出来，让孩子快乐健康地成长。

反之，若父母对孩子持不信任或冷漠的态度，就无法了解孩子的愿望和要求，这样，他们对父母的信赖也势必减弱，家庭教育的效果也势必会大打折扣。

所以，在具体的生活实践中，父母要做到以下两点：

1. 多倾听孩子的话语。

很多父母认为，教育孩子，在于说，希望孩子听得进自己的谆谆教导，他们却很少听孩子表达。常有一些父母说孩子“不听话”，可是，真的非要孩子全听父母的话吗？反过来，有多少父母能听孩子的话呢？也许在父母心里，孩子总是幼小的，他们的想法也是幼稚、不成熟的，继而认为是不正确的。大多数的父母总以自己的人生经历来要求孩子这样那样，规定不能这样那样，却忽视了孩子们自身的成长经历以及对世界的看法。

父母想要有个听话孩子，必须先要“听”孩子说话。要养成倾听孩子说话的习惯并不很困难，只要告诉自己“少开尊口”就可以了。下面的这位妈妈在咽喉病被迫噤声后所发生的故事值得我们思考。

一天，迪安放学回家，进门就嚷着：“我恨老师！我再也不到学校去了！”

听到孩子这么说，如果在我声带没病时，我就要严厉地教育他了。但是，那天我没那样做，我要看看下一步会发生什么。我那愤怒的孩子，蜷伏在我身边，把头搁在我的膝盖上，伤心地哭了，他说：“妈妈，今天老师叫我们写一篇作文，我拼错了一个字，老师指出了这个错字，引起哄堂大笑，我窘极了！”

我用手搂着他，他沉默了几分钟，接着挣脱了我，平静地说："我要去公园会杰米了。谢谢妈妈！"

我的沉默换来了迪安的信任和理解，使他能向我吐露他的内心痛苦，实际上，他不需要我的教训与忠告，他受到了伤害，他需要有人听他诉说内心的痛苦。

当孩子在述说一件事时，你尽量忍住不要打岔，只须不时地点头、微笑，或以简单的言语鼓励他说下去就可以了。当孩子发现你有兴趣聆听他的诉说，他一定会有兴趣说给你听。

从倾听中，我们能够知道孩子在学校和老师、同学的相处情形，孩子对什么比较感兴趣，哪个同学有欺负人的习惯，孩子最讨厌哪门功课等等。这些信息不正是你要了解的么？

2. 珍惜孩子爱的表达。

孩子在不断成长的每一天都可能会取得许多父母意想不到的进步，变得懂事，这是让人欣喜的。作为父母，都希望孩子是个懂事的孩子，是个善解人意的孩子，是一个充满爱心的孩子。因此，要学会珍惜孩子的爱。记得我看过这样一个小品：

一位妈妈在洗衣服，女儿在旁边看书，不知道看到一个什么故事，女儿很感动，于是就说了："老妈，我很爱你。"

妈妈听了以后，什么话也没说，继续洗衣服。

女儿看妈妈没反应，女儿又说了："老妈，我真的很爱你。"

妈妈听了以后继续洗衣服，稍微一停说："说吧，你要多少钱？"女儿一听就愣住了。

这个小品让人看了辛酸。妈妈就觉得孩子老要钱，每次要钱的时候，会说很多好话。所以，妈妈很自然地就想，女儿嘴甜，是想要钱了。其实，女儿是看到妈妈在洗衣服很辛苦，加上书中的故事感动了她，心里油然而生了一种爱的情愫，虽然有点突兀，但却是真诚的。这个时候妈妈不信任地采取怀疑态度或没有反应，使孩子感到很难过。

此时，妈妈如果惊喜地问："是吗？为什么呢？你怎么会想到这个问题?"孩子就可能就会说出一些感受来。亲子对话，就是心与心的交流，是非常难得的一种交流，这对两代人的和谐发展，都是很有益处的一种交流。

关注孩子的喜怒哀乐，孩子才会把你当作真正的朋友，愿意和你分享他的生活；关注孩子的喜怒哀乐，父母才能给孩子真正朋友的感觉。那样，在孩子的心目中，你才是他力量的源泉！

帮孩子摆脱学习的烦恼

所谓"知之者不如好之者，好之者不如乐之者"。但是，很多孩子在学习中存在厌学情绪，学习带有浓厚的"苦学"色彩。孩子们厌学的后果是很明显的，它不但严重影响学业成绩，还会导致孩子心理涣散，对什么都没有兴趣，影响孩子成才。

现实生活中，不少孩子都有或多或少的厌学情绪，即使是优等生也不例外。一位母亲曾经这样讲述自己对儿子厌学的无奈：

"我的儿子今年上小学六年级，明年就要升初中了。作为妈妈，我总希望他在学习上不要落后，于是从小学一年级起就给他报了作文班、奥数班、英语班、书法班等，希望他在小学阶段多学点东西，他的学习成绩也一直不错。可是不知道怎么回事，儿子最近什么都不愿意学了，不仅各种课外辅导班不想上，就连在学校听老师讲课也心不在焉，回家后更是什么都不学，什么书都不看。我问他怎么了，他也不说。明年就要升初中了，这可怎么办呢？"

这个孩子对学习的反应，实际上是厌学的一个典型案例。"厌学"，是指孩子在学习过程中，由于内在动力原因，或者内在因素影响，对学习活动失去兴趣和热情而不愿继续。

"厌学"的孩子，多数把学习当成一件父母、老师要求做的苦差事来看待，仅仅把知识作为为了通过考试和获得高分而必须掌握的，因此，学习的时候往往很不投入、很不情愿，不注意总结经验，非常被动，学习效率常常比较低、效果比较差。所以，"厌学"的孩子即使在中小学的阶段，在各种学习要求和压力下被迫努力取得了良好的学习成绩，但是一旦没有了要求，常常会放弃学习，不再努力，变得颓废堕落。

要想改变孩子的厌学情绪，首先要弄清产生厌学情绪的原因，然后才能对症下药，让孩子快乐学习。

教育专家认为，孩子出现厌学心理的最常见原因是学习压力太大，无法承受，因而选择逃避。比如一些孩子在小学或初中阶段的学习成绩一直很好，升入初中或高中后，由于学习内容、方法、环境的变化，学习成绩在班上的排名也随之发生了变化，虽然他在学习上并没退步，但在班上的排名却不像过去那样靠前了，心理上便无法承受。这些孩子从小到大都是一帆风顺的，在家里和学校一直受父母和老师的呵护和喜爱，没有经历过什么挫折，所以，一遇到困难就会退缩。

也有一部分孩子厌学是因为父母对其过度保护造成的。过度保护很容易使孩子失去锻炼的机会，并导致孩子失去自信，而缺乏自信的孩子不仅无法保护自己，而且在集体生活中也很难找到自己的位置，因而产生畏惧上学或厌恶上学的心理。

另外，孩子与父母的冲突也会直接影响他们的学习兴趣。比如，父母的理解、信任和支持会让他们充满自信心；但如果父母经常对孩子的缺点和错误进行挑剔、讽刺甚至贬损，对孩子的行为不信任或过分要求孩子，把孩子置于一种不平等的地位，孩子就会失去自信心，并以不学习来与父母对抗。

一些父母对孩子学习知识的目的定向有偏差也会使孩子产生厌学情绪。他们将学习知识的目的定在明天而不是今天，他们常对孩子说："你不好好学习，将来就得去修地球，去扫大街。"功利性过于强烈。这样，孩子体验不到获取知识本身的快乐，而只注重别人对自己学习成绩的评价。他们对知识本身不感兴趣，自然将学习看作是苦差事。

还有些孩子是因为不会学习而厌学。不会学习的孩子学得苦，学得累，学得烦。这些孩子往往学习时不能集中注意力，不能把新旧知识联系起来进行学习；无法将学到的知识正确、合理地表达出来等等。由于孩子不会学习，面对日益繁重的课业内容，自然会产生厌学情绪。

了解了孩子厌学的主要原因，父母就可以及时有效地加以纠正，消除孩子厌学的消极情绪。比如下面这些方法：

对孩子进行目的教育。有不少孩子正是由于学习目的不明确而导致学习热情减退，悲观失望，而厌恶学习。父母要积极引导和教育孩子不断明确学习目的，确定孩子的短期目标和长期目标。帮助孩子明确学习目的，能有效地唤起孩子的学习积极性。

扬长避短，增强孩子的自信心。每个人都有优势和劣势。如果你对孩子学习好的科目或内容做充分肯定，就会使他认识到自己的优势。另外，巩固孩子的优势科目，同孩子一起学习、讨论，很自然地会增强孩子的学习信心，进而带动成绩差的科目和内容的学习。如果你一味地想要弥补孩子的不足，只能是“欲速则不达”，远不如扬其所长，增强信心。

适当地对孩子进行奖励。只要孩子努力学习就要给予奖励，一个亲吻、一个轻拍、一个会心的微笑等等，都会强化孩子积极学习的行为，使其感到学习是一件愉快的事情。无论孩子考试成绩多么不好，都不要对孩子大吼大叫，只要孩子努力了就不追究，但要帮助孩子认真分析试卷，找出问题的所在，提供解决问题的办法。

让孩子体验到成功的快乐。孩子在童年期是按照别人的评价去认识自己的。如果别人说他笨，他就会认为自己笨。一个总是失败的孩子体验不到成功的快乐，也就不会去努力了。对于一个从未完成过作业的孩子，父母最好让他先做几道容易的习题，让他能轻而易举地完成，再调整作业的难度。如果孩子的学习不好，不要将失败的原因归为孩子不聪明，你可以从学习态度、意志力等方面去寻找原因，千万不要说他笨，以免让他自暴自弃。

让孩子多接触课外的事物。父母应尽可能在假日多带孩子外出走走，多观察、接触各方面的事物，以增强孩子的感性知识，鼓励孩子多读些有益的课外读物，借以丰富孩子的想象力，当孩子取得了哪怕是一点小小进步，也要及时表扬和鼓励，久而久之，孩子的思维就会活跃起来，学习兴趣也会大大增强。

教孩子一些学习方法。“授予鱼不如授予渔”。父母在辅导孩子时，不要代替孩子学习，以防孩子养成依赖心理和遇事退缩的习惯。父母要教给孩子获得知识的方法，如教孩子如何去查工具书，如何获得自己想要的资料等。如果孩子在学习过程中不会选择文章的重要内容，你可以有意识地在每周给孩子两篇长文章，让他把长文章缩写成短文章，缩写的过程既体现了孩子对知识的理解，又能体现孩子的创造性。

对孩子进行适当的挫折教育。现在的孩子大多是独生孩子，父母娇宠，祖辈溺爱，独自面对挫折的机会很少，一旦遇到困难，往往无所适从，自暴自弃，因而父母要适当对孩子进行一些挫折教育，以磨练和提高他的挫折耐受力。父母要在尊重、理解、关心的前提下，多与孩子进行思想感情方面的沟通，让他们明白在学习中遇到困难是难免的，只有不断克服困难才能不断取得进步。总之，要想让孩子从厌学变为喜学、乐学，这就需要父母找准原因，循循善诱，耐心指点。

孩子的“习得性无助”

有这样一个著名的心理学实验，实验对象是一只饥饿的小狗，实验地点是安装有两块木板的实验室。

实验中，研究者把一个实验箱用隔板分成两部分，狗被放在其中的一边。如果狗在此处受到电击，它会很快地学会跳到隔板的另一边来逃避电击，如果在电击前发出一个灯光警告,大多数狗也能学会在电击之前就跳到另一边。

对于另一组狗,研究者把它们放入实验箱之前,将其拴住,让它们不能逃脱,然后对它们进行痛苦的电击,而狗无法救助自己。在此之后,再把这些狗放在试验箱里。当这些狗受到第一次电击时,它们大多数会伏下身子,狂吠或是哀鸣,但没有一只狗试图逃跑。这些狗向命运屈服了。它们认为自己对电击无能为力。

这是小狗养成习得性无助的完整过程。习得性无助是指个体在多次受到同样的挫折以后,再面临同样或类似情境时所产生的一种无能为力的心理状态与行为表现。

孩子的心理不仅是要通过学知识获得成长,而更重要的是通过如何学知识获得成长。如果在学习过程中主要获得的是习得性无助,他们还愿意继续学习吗?

在日常生活中,许多父母喜欢对孩子说:"你看人家的孩子,为什么总是比你考的好?""你怎么就是总也赶不上人家呢?"父母们恨铁不成钢,盲目攀比,结果使孩子体验了一次又一次的挫折,从而有了错误的认知,会认为自己再怎么努力也是没用。久而久之,孩子就产生了可怕的"无助感",而认为自己学习真的不行,最后也懒得学习了。

王先生的一位同事在办公室中说他儿子在进入中学后,成绩直线上升,本次期中考试是年级第一。办公室的同事七嘴八舌地议论开了,都说他儿子将来高考错不了,清华、北大没问题。

王先生在替同事高兴的同时,不禁想到了自己的儿子,各科成绩都只是平平。下班后回到家里，看到儿子正在桌前吃他最爱吃的螃蟹，王先生忍不住了，对儿子开始教育："儿子，人家李叔叔家的明明这次期中考试全年级第一，你什么时候拿个好成绩给我们看看啊？"儿子马上放下手中的螃蟹，低头，没吱声。

王先生继续唠叨："你怎么总比不过人家？什么时候你能给老子争口气呢？"儿子还是默不做声，饭也不敢吃了。

王先生真有点生气，每当"教育"儿子时，他都这样，不说话，躲进自己的小房间。王先生很生气，追到儿子小房间门口，看到儿子手里拿着一本书，两眼却直发呆。王先生终于起了怜悯之心，将"继续教育"的话硬是给吞了下去，没有说出口。

有些孩子常对父母说："我怎么就是学不好这科呢？"或"爸爸，我怎么努力也没用。"这些孩子在学习时毫无动力，缺乏进取心，遇到挫折时倾向于放弃，乃至对于力所能及的任务也往往不能胜任，他们认为，自己无论怎么努力都不能取得好成绩。其实，很多孩子不是他们功课不行，而是他们认为自己不行。那么，如何帮助孩子走出这种习得性无助现象呢？

鼓励孩子多尝试。

一位名人曾说："如果孩子生活在鼓励中，他便学会自信。"这说明父母积极的教养态度对孩子影响很大。如，很多孩子喜欢拿着他的"作品"、优秀的成绩单给父母看，是希望得到夸赞。做父母的应利用孩子这一心理特点，无论孩子做什么事，只要他去干就要给予肯定与鼓励。当孩子考试失败，不妨告诉他，更重要的是下一次！在孩子失败了的时候给予安慰和支持，对孩子很重要。

很多父母习惯性地批评孩子，即使当孩子有了一点进步时，他们还是不轻易地表扬,因为他们认为多批评少表扬能培养孩子的心理承受能力。殊不知,较少受到表扬的孩子会对自己失去信心,对自己力所能及的事都会退缩,慢慢地失去主动性,从而对任何事都产生一种漠不关心的态度。其实我们应该赏识自己的孩子,善于发现孩子的闪光点,及时表扬孩子,激发孩子对生活的热情。

不要给孩子制造过多的压力。有的父母给孩子布置了许多课外作业,诸如弹琴、学画、学书法等,稍不如意就拿自己的孩子和别人家的相比:"你看某某学琴比你好,你呢?"本来孩子就已经失去玩的时间,现在又这么讲他,势必给他造成了一定的心理压力。父母需要的是为孩子营造宽松的家庭氛围,以使孩子能够放松自然地进入求知状态,寓教于乐,让孩子在潜移默化中掌握知识,并且在面对孩子的教育问题时,父母需要保持平常心,切不能过于急躁,更不能揠苗助长。

总之,如果孩子不幸已经很没有自信了,唯一的办法就是停止对他进行"电击"——不再动辄就对他所做的事情指责,挑毛病,而是适当多给些"肉丸子"——只要他做就给予鼓励。这样,孩子当然就会乐意一而再、再而三地努力做自己还不会做的事情了。

父母应该知道,对于孩子的成长,自身的积极体验远比消极体验重要。积极心理体验的积淀会影响孩子的一生。

消除对老师的抵触心理

数学课上,一位同学向另一位同学借直尺,同学在扔过去的时候正好砸中了周岚的脑袋，周岚忍不住发出一声“唉哟”，引来同学的一片哄笑。

老师在制止同学发出笑声的同时，也严肃地告诫周岚：“周岚，以后要认真听讲，不要做一些小动作，以免扰乱课堂秩序。”

周岚听了，心里觉得委屈极了：我是在认真听讲，是别人把东西砸到我的头上的，我也没有做错什么事情啊。于是对老师说：“老师，我没有。”

看到周岚当众反驳自己的话，数学老师生气极了，朝周岚吼到：“出去，明天把你的父母叫来！”

从此以后，周岚就非常记恨数学老师。每当上数学课时，他都经常故意发出一些声响惹老师生气，还经常不做数学作业。这样，他的数学成绩也就一落千丈。

中小学阶段的孩子正处在情绪容易波动的时期，他们往往因为自己的好恶来决定去做或者不做一些事情，在学习上也不例外。正像上面故事中的周岚一样，他会因为喜欢一个老师，而喜欢这个老师所教的科目，便会在这个科目上下功夫，而取得较好的成绩。反之，他们会因为讨厌一个老师，而讨厌这个老师所教的科目，不花精力甚至厌恶而造成学习成绩下滑。

由此看来，良好的师生关系对孩子的成绩有正面的促进作用。不但如此，良好的师生关系还是孩子身心得以健康发展的重要保证。前苏联著名教育家、心理学家赞可夫指出：“孩子在课堂上应过着一种积极的、有血有肉的，甚至可以说是沸腾的生活。否则，孩子就会终日处于冷漠、惊恐的环境下，常受到无端的指责与呵斥，他们就不可能正常的发展。”

因此，父母要做师生关系的促进者。然而，生活中并不是所有的父母都懂得如何去促进孩子和老师的和谐关系。

有位小学四年级孩子的母亲，非常注意孩子在学校的状况，而且十分笃定地认为：老师不喜欢他的孩子。

有一天，当孩子放学时，她问儿子："今天在学校过得怎么样？"

孩子答道："真无聊！今天我一直举手，老师却只叫别的同学。"

一听到孩子的叙述，她再也按捺不住怒气，立刻打电话到学校，一口气说出她对老师的不满。

当校领导找那位老师调查情况时，老师感到很意外，并且对这位父母的指责感到非常委屈和气愤。事实上，那位老师根本没有偏袒的心理，而这个孩子的成绩也很好，老师还期望他能担任班长。

但是，从这一天之后，这位孩子和老师之间的关系，几乎濒临破裂，以至使这位孩子在上课时，再也懒得举手发言了，甚至产生厌学的情绪。

的确，老师有时候可能对孩子们的管教态度，有严缓之分、亲疏之别，也可能根本不予以管教，但是，即使真有如此情形，极可能为偶发事件，或是孩子多心所致，也可能是老师因孩子们的性格不同所施行的不同教育方法。总而言之，这种做法，不论其出发点是什么，父母都不应该盲目地断定是老师"偏心"。

父母通常也只能从孩子的口中，知道孩子在学校里的情况。当父母从孩子的口中体会到孩子对老师有了抵触的心理，此时，父母的态度是相当重要的。

有些父母根本不分青红皂白，只相信孩子的话，告诉孩子"老师为什么只会骂你呢？"或是"可能是老师不喜欢你吧！"其实，这样的回答方式，只会加重孩子的心理负担，让孩子变得不信任老师。紧张的师生关系，对孩子的学习有百害无一利。

父母帮助孩子消除对老师产生抵触心理，可以借鉴以下方法：

给孩子创造一种自由发表意见的氛围。当你发现孩子对老师有抵触情绪时，要给孩子创造一种宽松、自由地发表意见的心理氛围，使孩子毫不隐瞒地讲清楚老师批评他的原因，以及对他的态度，和他接受批评时的心情。这时，你要认真倾听，并采取适宜的方法解决。如果是属于孩子认识偏激或行为错误时，你要积极引导；如果是属于老师处理问题存在片面性或有失误时，你要积极主动与老师交换意见，以化解孩子的抵触心理。

让孩子学会站在他人的角度想问题。父母要注意培养让孩子学会换位思考。你可以创造情景让孩子亲身体会老师的难处，并在这个过程中改善师生间的关系，减轻或避免孩子对老师的抵触情绪。

不要在孩子面前露出对老师的不满情绪。父母要切忌在没搞清事实真相之前，就简单粗暴地批评老师。如，有的父母对孩子一向很溺爱，不能客观地看待孩子，觉得自己的孩子什么都好。一旦孩子对老师有意见，就指责老师。父母这种不经调查研究、草率表态，一味地批评老师的做法，将助长孩子对老师的抵触情绪，并对孩子的人格形成产生极坏的负面影响。孩子很容易受到情绪传染，一旦他感到连父母都讨厌那位老师，就可能会更加理直气壮地排斥老师、排斥学习。

父母要时刻注意与老师保持沟通。父母要了解孩子在学校的表现，老师也要了解孩子在家中的行为，这对父母和老师共同教育孩子、避免孩子对老师产生抵触情绪是极其重要的。老师不可能在短时期内对班上每一个孩子都有很全面的了解，所以在评价孩子时总会产生一些偏差，如果此时父母能及时提供孩子的日常行为情况，有利于老师因材施教。同时，父母也应该逐步将孩子视为一个独立的个体，而不再是成天被捧着的、被护着的孩子。

总之，为了让孩子对学习感兴趣，并保持较高的学习效率，作为父母，你必须尽可能避免孩子由于对老师的抵触情绪而产生不愉快的学习体验。同时，要让孩子懂得，对老师的尊重是一种修养。

把逃学的孩子领回家

逃学是孩子学习过程中的一种不良行为，多发生在小学阶段，是父母非常苦恼、又迫切想解决的问题，也是家庭教育中一个比较普遍的问题。

蔡亮是我认识的一个孩子，今年十二岁，读小学四年级，他本是全家的骄傲，因为他听话，成绩又好。可是，他在暑假期间迷上了上网，刚开学，网络游戏就让他难以割舍。

开始后，父母看他背着书包上学，而其实他一出门，便钻进了网吧，接连好几天都没有到学校上课。后来老师到他家做家访时，父母才知道他迷恋上网，经常逃学。为此，父母打过他好多次，每次他都保证不再逃学，却总是重蹈覆辙，父母感到很迷惘，不知道怎么做才能解决问题。

孩子逃学的确是件令家长焦虑的事情。但是，像蔡亮的父母用打骂的方式来制止孩子逃学，很可能将孩子原本不多的求学热情扫荡得一无所存。

很多情况下，父母在发现孩子逃学问题以后，往往顾不上考虑太多，先是气愤地训斥一顿,如果仍然解决不了问题,就会“动用武力”来教育孩子。孰不知,这样做的结果,非但不能使孩子改掉逃学的不良行为,反而易把孩子推向堕落的深渊。

从心理健康的角度来看,逃学现象属于一种比较严重的儿童行为问题。无论是什么原因引发了儿童的逃学行为,都说明儿童本身存在一定的心理问题。所以,做父母的万万不可只看孩子逃学的现象,而无视孩子逃学的心理原因。

要想正确地教育孩子,能有的放矢地说服孩子,父母应该通过与孩子谈心了解孩子不愿上学的动机和原因。

孩子逃学原因很多,包括孩子对学习没有兴趣、成绩差、贪玩、怕老师惩罚、怕人嘲笑、受人欺负、同伴诱惑等。例如,孩子有时会在学校受到其他同学的嘲笑(如个人生理缺陷、成绩差、语言能力差等)而使他感到上学不开心,就会出现逃学现象。

有些孩子沉溺于别的活动中,如打游戏机等与学习无关的兴趣爱好,结果对正常的学习兴趣下降,出现逃学现象。

有些孩子逃学是由于父母不许孩子随便到外面玩,孩子没有机会进行正常的兴趣爱好和娱乐活动,就采用逃学的途径来满足自己的需要。

有些孩子逃学是受到其他逃学孩子的影响等。

一般来说,逃学有几个阶段,开始是由于学习成绩不良,或受到教师或集体排斥,在学校里产生不适应障碍,开始厌学。这时,想旷课与必须到校的动机之间产生了尖锐的矛盾,最后,逃学的动机终于取胜而拒绝去学校。如果家长不知道或默许逃学,那么,逃学就成为持续性的行为了。

当孩子刚刚出现逃学的行为时，可以试试以下的方法：

父母要学会自我反省。父母应当承认自己在教育上有失误，没有下工夫从小培养好孩子的学习习惯，自己的教育态度不正确，或是方法生硬。父母应该在自我反省的基础上跟孩子倾心交谈两三次，检讨自己的缺点，听听孩子心里是怎么想的，跟孩子一起下决心，一点一点赶上去，千万不能重复那种简单、粗暴的做法，也不能放弃教育的责任。父母的态度是孩子转变的重要因素。

给孩子耐心热情的帮助。父母发现孩子逃学，不可恼火、打骂指责孩子，更不能体罚孩子，而应采取耐心、热情、关心的态度，争取与老师的配合。可陪伴孩子到校，信任孩子，尊重孩子的自尊心，要让孩子体会家庭的温暖，父母的爱心，同时让孩子体会集体的温暖，集体的帮助。这样，孩子会自觉地改掉逃学旷课的不良行为。

注意孩子选择交友的对象。常言道："近朱者赤，近墨者黑。"如果与孩子来往的伙伴都是一些爱逃学、不爱学习的孩子，孩子之间就会互相影响，一起商量着逃学后去干什么，如何向父母撒谎等。所以，父母要仔细了解和观察与孩子来往的其他孩子的表现，如发现孩子与别的孩子一起逃学，就应该与别的父母一起纠正孩子的逃学行为。

给孩子自由娱乐的时间。父母通过对逃学孩子的了解和观察，往往可以知道孩子逃学后去干了些什么事情。如果孩子逃学后只是为了贪玩或者为了兴趣爱好，如去钓鱼、游泳、踢球等，父母就应该给孩子安排一定的娱乐时间，不要总对孩子限制得太多，连正常的文娱活动都没有。孩子正常的兴趣只要得到一定的满足，就不会通过逃学的方式来满足这方面的需要了。

经常与班主任联系。孩子出现旷课、逃学现象以后，要经常与班主任保持联系。一方面，根据孩子的特点，请老师在班上给孩子安排力所能及的任务，使孩子改变不利的角色地位；另一方面，可以准备一个家校联系本，由孩子、父母、老师共同写联系内容，建议以孩子写为主，像日记一样，老师和父母写些分析、表扬、建议的内容。

对孩子加强纪律性教育。逃学的孩子大多纪律涣散，是非观念差，荣誉感缺乏。父母应了解他们，消除他们的疑惑和抵触情绪，培养他们的自制力。努力提高他们的是非观念、集体荣誉感、组织纪律性，从而养成其遵守纪律的良好行为习惯，从根本上改正逃学的不良行为。

小测试：你是合格的家长吗？

作为父母亲，除了养孩子，如何教育孩子才是一个合格的家长？

下面的这些问题，能帮助你全面的考核自己的教育状态。如果符合自己的情况，请在后面的括号中画上勾；如果不符合，则不用画。在读题的同时，请认真思考自己会如何去做。

1. 自己也没有明确的生活目标。（　　）

2. 在教育孩子方面夫妻意见不统一。（　　）

3. 夫妻间常在孩子面前吵架。（　　）

4. 你认为学习是痛苦的。（　　）

5. 你认为孩子学习必须有人看着才行。(　　)

6. 你经常当众批评孩子。(　　)

7. 你很少去表扬孩子。(　　)

8. 你常以学习成绩好的孩子为例批评自己的孩子。(　　)

9. 你经常用自己年轻时的经历教育孩子。(　　)

10. 总对孩子说自己的付出全是为了他或她。(　　)

11. 你把教育孩子的希望寄托在学校和家教上。(　　)

12. 你常依自己的标准给孩子定目标。(　　)

13. 你把物质刺激当成激励孩子的重要方法。(　　)

14. 你对孩子的困惑不闻不问,或不感兴趣。(　　)

15. 对孩子的事什么都想知道。(　　)

16. 你从来没有带孩子去书店或博物馆。(　　)

17. 你不愿鼓励孩子或不会鼓励孩子。(　　)

18. 你经常斥责孩子的缺点。(　　)

19. 你的情绪经常跟着孩子的分数走。(　　)

20. 你认为满足了孩子的物质需求孩子就应该努力学习。(　　)

21. 你认为孩子能听懂你讲的道理,却故意不去做。(　　)

22. 你不认为自己的行为对孩子有决定性影响。(　　)

23. 你认为孩子学习成绩与自己文化水平有必然联系。(　　)

24. 为孩子所做的任何事情认为是处处是为孩子好。(　　)

25. 你相信各种“速成”班。(　　)

26. 你不让孩子做家务，为了让他省下时间学习。（　　）

27. 你教孩子要诚实，自己却在他人面前说谎。（　　）

28. 你认为一味的表扬孩子会导致孩子骄傲。（　　）

29. 你限制孩子玩，自己却经常出去玩。（　　）

30. 当孩子不听话时，你常打骂孩子。（　　）

31. 你常在孩子面前评说别人长短。（　　）

32. 你认为孩子的缺点必须用批评才能改正。（　　）

33. 你常对孩子说："你怎么这么笨？"（　　）

34. 你常对孩子说："只要你好好学习，什么条件都答应你"。（　　）

35. 你认为孩子学习的好坏取决于他的聪明程度。（　　）

36. 你认为人的性格是不可改的。（　　）

37. 你认为成年人是不可改变的。（　　）

38. 当孩子说一件得意事时，你却警告他别骄傲。（　　）

39. 你认为自己该做的事都做了，好坏全在孩子了。（　　）

40. 你认为孩子在学习上一点都不着急，自己却急得团团转。（　　）

以上问题：如果只有5项以下符合你的情况，你是个合格的父母；有5项（包括）以上，10项以下符合你的情况，你应该加强学习了，教育也是一门科学，需要父母不断地学习；如果有10项（包括）以上，20项以下符合你的情况，你必须警惕了，自己做得不对的地方，尽可能地改正；如果有20项（包括）以上符合你的情况，你是一个完全不合格的父母，必须改变自己了，否则将毁了孩子的前程。

第2章　学习是每个人自己的事

儿童需要管教和指导，这是真的，但是如果他们无时不刻和处处事事都在管教和指导之下，是不大可能学会自制和自我指导的。

——阿斯特丽德·林格伦

（瑞典儿童文学大师）

帮助孩子明确学习目的

在一次家长会上，不少父母对孩子学业有抱怨，有父母说孩子没有上进心，学习不主动；有父母说学习成为孩子索要礼物的筹码；有父母说孩子表示只要不写作业，做什么都行，跟父母讨价还价……往往一人言毕，满座共鸣。

孩子出现这些问题的时候，通常是他们对自己的学习目的不明确。他们虽然学习了几年，但是从来没有想过，自己为什么要学习，学习的目的何在，学习的意义何在。

比如，在孩子的作文中，他们写道"我一定要好好学习，以优异的成绩回报爸爸妈妈"、"在爸爸妈妈的眼中，我就是一台学习的机器"、"爸爸妈妈除了关心我的学习成绩，根本不知道我真正需要什么"、"爸爸妈妈每天都跟我说，学习是当前的首要任务，烦都烦死了"……对于相当一部分的孩子来说，他们并不明白"知识改变命运"的深刻含义。

放暑假了，小雨的父母告诉他一定要趁这段时间好好学习，争取把成绩提上去。

爸爸说："你看看，你表弟学习可认真了，你快跟人家学学，别整天没事瞎晃，一定要用心一点儿，学出一点儿成绩来看看。"

小雨撇了撇嘴，说："好啦！知道了。"

他不情愿地掏出书来写作业。小雨认真学了几天，觉得挺没劲的，于是在爸爸妈妈面前，他就装作很认真的样子，爸爸妈妈也以为他真的学习很认真。其实,当爸爸妈妈不在面前的时候,他就开始开小差,做小动作。

新学期开始,第一次考试,小雨的成绩不仅没有上升,还下滑了。爸爸妈妈觉得奇怪了:小雨假期里基本上都在家看书,很少出去玩,成绩怎么就上不去呢?

小雨觉得自己是为父母而学,所以他的认真是装出来的,并没有真心实意地去学习,考试自然考不好。

也有些孩子认为,学习就是为了赢得父母给予的奖励。父母运用一些物质奖励来吸引孩子对学习的关注,可能刚开始的时候还能够起作用,但是时间长了,孩子就有可能会养成跟父母讨价还价的坏习惯了,也是就前面说到的“过度理由”对孩子的学习起了负面作用。

一位父亲说:“我的孩子上初一了,成绩能够排在班里的中游。但孩子有一个很不好的毛病,就是喜欢与爸爸妈妈讨价还价。”

比如,这次期中考试,他进步了,以前从来没有上过 80 分的英语考了 85 分,数学还考了 90 分,总成绩排在了班里的第 14 名。孩子的成绩提高了,父母都很高兴,可是,还没等父母问他需要什么奖励,孩子倒先开口了。

孩子说:“这次考试考好了,该奖我什么呢?”

爸爸急忙说:“奖你一个电子词典吧,对你学英语有好处。”

孩子不高兴了:“我不喜欢,我想要一辆新自行车。”

爸爸有些迟疑:“不是已经有一辆了吗?”

孩子:“我想要那种变速的。”

父母不想打击孩子学习的积极性,于是只好照办。

孩子之所以养成爱讨价还价的习惯,与平时父母的教育方式大有关系。有些父母常常先提出交换条件，例如：你好好学习，考试好了给你买你喜欢的东西；或者好好练琴，明天带你去海洋馆等等。久而久之，孩子就会形成一种心理，认为父母有求于他，所以不管做什么事，如果父母不给他什么好处，他也会自己主动提出来。

还有些孩子认为现在的学习就是为了以后能够获取大学的毕业证，为了以后能有一份高收入的工作。

很多父母常常给孩子灌输这样的观点：现在不好好读书，将来学习成绩不好，就会遭人唾弃。考不上一个理想的高中，继而就考不上一个理想的大学，没有一个令人羡慕的毕业证，以后就找不到一份好工作。

这样教导下的孩子，在学习上必然缺乏内在的驱动力，而处于被动、消极状态。学习目的不明确，缺乏崇高的人生理想，是孩子不能主动学习的内在的最主要原因。

有这种想法的父母思想是比较狭隘的，把不同的孩子放在一个为了相同的目的而设立的起跑线上，这本身就不公平，如果硬要用自己的孩子和别的孩子比，那么最后受伤的只会是自己的孩子。

学习是一种持续的、艰苦的脑力劳动，目的不明确就不会付出极大的努力。心理学家的研究表明，儿童对即将学习的内容的意义和目的认识愈明确，他学习的动机就愈强烈，学习积极性就愈高，其学习的效果也就愈显著。因此，父母一定要结合具体学习内容的特点，说明学习的自我意义及其对孩子前程的影响，使孩子明白学习是为了自己能够掌握更多的知识，为将来的发展打好基础，而不是为父母学的，更不是为了眼前的一些奖励而学。只有形成这种观念，孩子才会始终如一地保持学习热情，也真正有助于学习成绩的提高。

那么，应当怎样做才能让孩子去理解学习的目的和意义呢？下面这则事例也许会对家长们有所启发。

高考过后，记者去采访了一位理科状元，想探讨出他学习的秘笈。

没想到，状元的父亲说："对孩子的学习，我自己并没有系统的教育思想，只是根据孩子的实际情况因势利导，因材施教。我特别注意和孩子沟通，不把自己的想法强加给孩子，无论成绩好坏，多分析原因，培养孩子的学习兴趣和习惯。"

当记者问起状元对于学习有何感受的时候，状元微笑着说："对我来说，学习是一种幸福、快乐的体验。"

"学习是快乐的体验"，相信每个父母都希望孩子与学习的关系也能如此和谐。不妨学一学上述事例中那位状元父亲的教育理念，培养孩子的学习兴趣和习惯，找一个时机，心平气和地与孩子交流学习的目的，而不要一味地说教"威胁"："现在不好好学，将来怎么办？"

让一个享受眼前安逸生活的人，去想象将来的可能困苦的生活，对谁都不会管用。所以，从身边"够"得着的人或事与孩子分析，才能帮助孩子理解学习的目的和意义。

告诉孩子，学习是自己的事

父母对孩子的关注和呵护是必要的、应当的，但是有些父母包揽了孩子在学习中许多本应由他们自己去做、去负责的事。在这种过分的关注中，孩子常常变得依赖性很强，心理十分脆弱。久而久之，他们把学习当成了为父母而完成的一项任务。

我认识这样一位父亲，他对孩子照顾无微不至，在孩子学习时甚至于把孩子要读的那一页书都翻好了。他这样做是为孩子节省时间，留出更多的时间让孩子学习。然而事与愿违，他的儿子不但成绩不好，而且养成了一种不良习惯，只要父亲不在身边相陪，他就无法独立完成作业。

孩子都有一种依赖性，只要有人替他着急，他自己就会懈怠。当父母过多的参与他的学习时，他就会认为学习是父母和他共同的事，甚至于完全是父母的责任。既然什么事情父母都替他想好了，他也就用不着操心了。这一点，其实是父母教育孩子的大忌。

尽管孩子在家是父母的掌上明珠，是家庭的中心，可是作为父母，我们应该懂得，孩子一旦离开家庭，今天去到学校或者明天走向社会，哪怕是小皇帝也得服从集体需要，不会再是中心了。

因此，父母应当使孩子认识到：学习是他自己的事。现在艰苦的学习，是为了将来他自己有一个好的前途，而不是为了父母在学习。“物竞天择，适者生存”，面对激烈的社会竞争，如果没有足以维持自己生存的能力，那么总有一天会被淘汰的。只有当孩子认识这一点，他才能不等不靠，加倍珍惜学习的机会而越发投入，学习也就更有收获。

宋明的妈妈从儿子上学开始，就坚决不做孩子的“拐杖”。即使在儿子小学低年级，老师要求父母检查作业、签字时，她也只管签字认可，儿子写作业的时候，她从来不陪伴。她告诉儿子，妈妈有自己的事情，而你的任务就是学好功课。

作业的目的就是复习所学的知识，有了错误不要紧，学习上犯的错误越多，就会发现自己的漏洞越多。只要把不会的、不懂的及时向老师请教就可以了。

在给儿子请家教学习奥数之初，宋明有点找不着北，听老师讲课时似乎都会，可自己做题老出错。

“妈妈和我去听课吧，人家的妈妈都去陪孩子。”宋明请求妈妈。

妈妈回答：“我可不去。我的数学还不如你呢。要是你听完课愿意给妈妈讲一讲，我倒可以从头学习。”

看到没有依靠了，宋明只能靠自己了。就这样，宋明只能开动脑筋琢磨，自己有哪里不懂，就向老师求教，很快宋明就具备了及时发现自己学习问题的能力与及时和老师沟通解决问题的能力。到了六年级时，宋明兴奋地告诉妈妈，老师说他接受问题、解决问题的能力都很强。

听到这句话，妈妈非常高兴，说只要他坚持下去，将来一定会考上北大或清华。

许多事实证明，父母只有放开手，不过多地干涉孩子的学习，孩子才能够更积极主动地学习。如果父母过多地辅导孩子，看着孩子写作业，一心只围着孩子的学习转，势必会把孩子和父母都变成学习的奴隶，学习也就变成了一件枯燥的事情。

孩子在成长的过程中，特别是在人生的开始，在学习和活动的过程中，父母应把主动权交给孩子。对于孩子感兴趣的、想知道、想探索的事情，让孩子主动探索，要做孩子的支持者、合作者和引导者。因为孩子将来的学习和工作甚至是生活，靠的都是自主，而不是被迫。

也就是说，父母应该做的是激发出孩子的潜能，把他的热情调动起来，让他自己干劲十足地学。这里有一些给父母的提醒：

1. 让孩子自己单独处理功课，让他自己多动脑筋，多探索。

2. 当孩子做作业遇上难题向你请教时，千万不要立刻为他讲解，应该问一问孩子是怎么想的，看一看他在什么地方想得不对，这可以使你了解他的思维，以便有的放矢地指导孩子学习。

3. 切记不要替孩子做功课，即使孩子不停地央求你，或是你很同情孩子要完成大量的家庭作业。你需要引导孩子对自己的事负责。

4. 当孩子对某位老师有意见时，要告诉孩子，你可以不喜欢老师，但你不能拒绝学习知识。学习是为了自己，是为了以后的需要。老师也终将会离你而去，而知识却是你的，是你终身的财富。

学习中的“过度理由效应”

在心理学上，有一个效应，叫做“过度理由效应”。有这样一个故事可以对其作出解释：

一位老人在一个小乡村里休养，但附近却住着一些十分顽皮的孩子，他们天天互相追逐打闹，喧哗的吵闹声使老人无法好好休息，在屡禁不止的情况下，老人想出了一个办法。

他把孩子们都叫到一起，告诉他们谁叫的声音越大，谁得到的报酬就越多，他每次都根据孩子们吵闹的情况给予不同的奖励。当孩子们已经习惯于因吵闹获取奖励的时候，老人开始逐渐减少所给的奖励，最后无论孩子们怎么吵，老人什么奖励也不给。

结果，孩子们认为受到的待遇越来越不公正，认为“不给钱了谁还给你叫”，就再也不到老人所住的房子附近大声吵闹。

公司老板如果希望自己的职员努力工作，就不要给予职员太多的物质奖励，而要让职员认为他自己勤奋、上进，喜欢这份工作，喜欢这家公司；希望孩子努力学习的家长，也不能用太多的金钱和奖品去奖励孩子的好成绩，而要让孩子觉得自己喜欢学习，学习是有趣的事。

晓郢的学习成绩在班上一直名列前茅，这次期中考试也不例外。然而，这两天他的情绪好像不太好，一副无精打采的样子。上课不但不再主动发言，甚至对老师的提问也“拒不作答”。

当最疼他的奶奶关切地问他心绪不佳的原因时，他终于喊出了一句“他们说话不算数！”接着委屈的泪水就一涌而出了。原来父母答应他期中考试如果考得好的话，就带他去三亚旅游。可是父母一直忙于工作，把这个承诺忘得一干二净。这个承诺没有实现，严重地影响了晓郢的学习热情，他觉得自己的学习一下子失去了动力。

很多父母为了让孩子提高学习效率，每当孩子考试成绩好的时候，就给予奖励。慢慢地让孩子形成了一种习惯：为了得到奖励而学习。一旦父母将奖励撤销，孩子的学习成绩就会马上下降，因为他们认为，既然没有什么奖励，那就没有好好学习的动力了。

所以，希望孩子努力学习的家长，也不能用太多的金钱和奖品去奖励孩子的好成绩，而要让孩子觉得自己喜欢学习，学习是有趣的事。

人的每种行为都有一定的动机。动机分为内部动机和外部动机。拿孩子的学习行为来说，内部动机是出于孩子内在需要、内在兴趣的动机；外部动机把活动本身作为手段，追求与活动本身无关的其他外在报酬，如奖励、免挨打骂等。外部动机会削弱内部动机。关键的是，孩子行为的真正的、最有力的力量是其内部动机，为防止行为由内部控制转向外部控制，父母在培养孩子的学习动机时，应主要培养其内部动机。

同时，父母在激励孩子的学习动机时，必须淡化外部控制作用。当孩子的学习具有较强的内部动机和兴趣时，父母应尽量减少对他们的奖赏和评价，评价时要针对孩子的内在素质和能力，传达胜任这项活动的信息，让孩子把奖赏视为对完成活动的额外“津贴”，而不能让他们强烈体会到是成功地完成活动后的报酬，以免使他们求成心切，削弱内部动机。

当然，父母也不能忽视外部动机的作用。如果孩子从事活动的内部动机很弱，那么你就有必要运用奖赏、评价等外部控制因素来提高孩子参加活动的间接兴趣，获得完成活动需要的技能，在兴趣的发展中逐渐减少外部控制因素，逐步由外部控制转向内部控制，从而使外部动机减弱，内部动机增强。

父母的表扬以及各种奖励如果过于频繁，孩子学习的内部动机就会受到削弱，如果孩子的学习完全出自外部动机，他就很难从学习过程中得到乐趣，学习行为的持续性会大打折扣。

另一方面，经常得到表扬的孩子倾向于选择那些他们认为可以得到父母赞许的事情，回避那些家长不喜欢的事情。对有些父母而言，这正是他们乐于看到的。但这些孩子会变得缺乏创新精神和自我指导能力，他们会更多地遵守现有的模式，不愿意创新，不愿意尝试新鲜事物。

久而久之，这样的孩子将无法发展足够的自主性，很难主宰自己的生活。因此，父母的表扬不应过多过于频繁，而且应致力于培养和提高孩子的自主性，让孩子认为他们努力完成学习任务是因为他们喜欢学习，而不仅仅是为了讨好家长、获得奖励。

不可小看孩子的竞争意识

这是一个很老的故事了：

两个朋友去非洲丛林打猎，却迷了路。走来走去，就是走不出丛林。两个人都已经是饿得前胸贴着后背，几乎连走路的力气都没有了。

屋漏偏逢天下雨。两人在饥饿和沮丧中，猛然间发现远处有一头狮子，两眼放光，正朝他们走来。天哪，这怎么还能有活路？

但人的潜能是无限的，尤其是在困境中。两个人顿时抖擞精神，各自准备对付这灭顶之灾。伙伴A想招呼伙伴B一起快速逃跑，但是他看见伙伴B却快速蹲下，系起了鞋带。他非常纳闷地问伙伴B："老兄，你以为你这样就可以跑过狮子了吗？"

"我当然跑不过狮子，可是我只要跑过你就行了！"

谁跑在后面，谁就会被狮子吃掉。在现代社会里，竞争无所不在，而且，随着社会的迅速发展，竞争也会日益激烈。孩子只有学会竞争，将来才不会被社会所淘汰。

因此,父母要将培养孩子良好的竞争意识和竞争能力作为家庭教育的重要内容。有了竞争意识,形成竞争习惯,孩子才会主动去学习,主动超过别人,同时,对于孩子的健康发展也具有重大意义。

竞争意识可激发孩子强烈的求知欲望。竞争会使孩子认识到只有具备知识和能力才能领先,因而他们会努力学习各科基础知识和基本技能,可增强孩子的参与精神。竞争意识可帮助孩子克服胆怯心理、保守心理和自卑心理,提高他们善于抓住机遇的能力,可增强孩子的自信心。孩子在竞争中表现出来的精神和才能,会使孩子对自己做出肯定的评价。

但是现实中,孩子的竞争意识没有得到很好的培养。在生活中,事事被包办代替,缺少锻炼,生活不能自理,爱依赖别人;在学习上,读书好像是为了父母,学习不主动,不积极进取。这样长大的孩子就没有跟别人竞争的意识。为了孩子的将来,父母应该在孩子小时候就开始有计划地培养孩子的竞争意识。

父母在培养孩子竞争意识的过程中,应让孩子明白,竞争不应是狭隘的、自私的,竞争者应具有广阔的胸怀;竞争不应是阴险和狡诈、暗中算计人,而应是齐头并进,以实力超越;竞争不排除协作,没有良好的协作精神和集体信念,单枪匹马的强者是孤独的,也不容易取得真正的成功。

培养孩子的主动精神。孩子会不会去竞争,是孩子主动与否的行为。那么孩子有没有竞争意识就要看孩子是否有主动精神。其实孩子很小就有“自己来”的愿望,学走路时,尽管跌跌撞撞,也不肯让大人牵拽。玩东西时,也不愿别人干预。可是父母却经常因孩子人小、速度慢等原由帮孩子做。当父母看到孩子笨手笨脚地做某件事时，经常会忍不住帮他们一把。其实父母只需耐心地在一边看着，多加指点，尽量让孩子独立完成。

培养和发展孩子的个性。心理学研究表明，个性与竞争能力是紧密联系在一起的。发展孩子个性，应从其本身的需要、爱好出发，让孩子不但有广阔的知识背景，更拥有几种非凡的才能和本领，具有较完善的人格。能自理、自主、自律、自信的孩子，其竞争意识和竞争能力往往强于他人。个性突出的孩子，其自身往往拥有无穷的竞争力量。

鼓励孩子勇于创新。没有创新就不可能进步，没有进步则失去了竞争取胜的基础。父母在教育孩子时，要善于激发孩子的求知欲望和求知爱好，鼓励孩子多参与动脑、动手、动眼、动口，使其善于发现问题，提出问题，并尝试用自己的思路去解决问题，不要用传统的现成答案和传统的教育模式来限制孩子，束缚孩子的思维的手脚，当孩子表现出其“新思想”、“新发明”时，父母应及时给予肯定和表扬，并鼓励孩子坚持探索。

让孩子去寻找对手。每个孩子都有一定的好胜心和虚荣心，不甘心落后是孩子的天性。所以，每一个孩子都不愿落在他的对手后面。只要对手有一定的进步，与他竞争的孩子也会想有一定的进步。你攻下了一题，我也一定要把这个题目做出来。你被老师表扬了，我也不甘示弱。逐渐地就形成了你追我赶的学习氛围，从而也提高了孩子学习的积极性。孩子之间形成竞争以后，每个孩子也只有不断自觉、主动地学习，才能立足于不败之地。这样就迫使每个孩子不断进取，从而提高孩子学习的主动性。

端正孩子竞争的心态。如果父母对孩子竞争欲望过强感到忧虑，应该先帮孩子端正心态，要让孩子明白竞争是展示自身实力的机会，是件美好的事，要用从容的心态看待超越和被超越，不应充满嫉妒和愤懑。现实生活中，部分在竞争中失败的孩子，往往会流露出不高兴的情绪，会对获胜的一方充满敌对情绪，表现为不再和对方交朋友，甚至怂恿别的伙伴孤立他。

告诉孩子，参与竞争的意义之一，就是学会有风度地接受失败，并且诚心实意地祝福对手。在竞争中取得胜利固然值得骄傲，但和同伴之间的团结协作精神，也是生活中不可或缺的品质。父母如用自身行动做出良好的示范，孩子自然会感同身受。

打开孩子自学的“水龙头”

自学能力，就是不依赖别人，或主要不依赖别人，通过自己的独立学习而获得各种才能的一种基本能力；或者说，是通过自己的独立学习而使自己成为人才的一种基本能力。孩子只有自主地学习，才会取得优异的成绩。

生活中，很多孩子在学习上都缺乏自主性，总是要让父母三催四请才肯学习，以这种被动的态度去学习就不可能获得好成绩。只有从小培养孩子的自学能力，打开孩子自学的“水龙头”，孩子才能获得广泛的知识，才能学得更灵活、更扎实。

清华大学的钱伟长教授对自己的学生说过这么一段话：

“自学是人一生中最好的学习方式。我出生在江苏无锡农村，家里很穷，因此中小学没有很好地念过，但是有一点我是可以肯定的，就是大学毕业后，我没有停止过学习。

我相信我可以打个赌，我现在每天学习的时间还比你们多。每天晚上8点开始，不到凌晨2点，我是不停止学习的。

我大学毕业那个时候，没有计算机、没有火箭、没有原子弹、没有宇宙飞船、没有半导体、没有激光，有的连名词都没有。按道理我对这些一窍不通，不过你们在学，我也在学，我全把它学来了。

我虽然不是这个方面的专家，但我全懂，我是靠自学，靠不断地自学，所以，学习是一辈子的事情。"

钱伟长教授小时候的学习环境并不是太好，他之所以能有现在的成就，全在于他的自学能力比较强。由此可见，自学能力的强弱在相当程度上能决定将要获得知识的多少以及将来取得的成就大小。自学能力包括观察力、记忆力、思维能力、想象能力和操作能力等，它表现在学习过程的各个方面。父母在对孩子自学能力的培养时应注意以下这些方面：

树立自信心。每一个孩子都具有一定的自学能力，只是水平高低不同。自学能力并非先天就有的，而是在后天的学习生活和实践中逐步培养出来的。每个人都有可能经过锻炼把自己的自学能力提高到较高的水平，进而能够顺利地进行自学。因此，应该相信自己的能力。

使用工具书。字典和词典等工具书，能帮助孩子扫除阅读障碍，提高阅读能力。比如，孩子学会查字典和词典的方法，并能独立运用，就等于掌握了一种自学的方法，有利于他们提高学习成绩，开阔知识视野，使他们变得更加有学问。

学会课前预习。课前预习是学习的一个重要环节。教导孩子在老师教学之前，先试着阅读课本，发现问题，然后自己去寻找解决问题的方法。如果自学中遇到不能解决的问题，上课时就会集中精力听老师讲解，记忆也会更加深刻。

让孩子多思考。如在孩子解题时遇到困难，父母可以指点给他解题思路，让他自己解决具体问题；在孩子读书、游戏、做智力题时，父母可根据孩子智力发展情况、气质性格等特点，有意识地教会孩子一些科学思维方法，比如综合分析法、比较归类法等。在教的过程中，要调动孩子的学习积极性，以后遇到类似问题时，不要代劳而是让孩子自己去思考、解决。

培养阅读能力。自学的方法主要靠阅读，所以，阅读能力的培养是十分重要的。父母起初可先让孩子朗读课文，慢慢地由朗读到默读，朗读的目的在于提高学习兴趣，培养自学习惯。经过一段时间之后，孩子会自然而然地埋头阅读他喜爱的各种书籍。知识在于积累，如果为他们养成了良好的阅读习惯，提高了阅读能力，他们日后就会学业优异、事业有成。

学会选择学习内容。这是自学必须具备的一种能力。这包括几个方面的内容，即要会选择知识，选择经验，选择技能。但是，在这里，最重要的是要会选择知识，选择书籍。因为当今世界各种书籍资料很多，不会选择，就会杂乱无章。

选择合适的课外读物。父母要善于从众多的图书中挑选出适合本年龄段孩子掌握和学习的内容。比如，低年级孩子掌握的词汇有限，需要文字简单、画面生动的注音读物和连环画，如《世界童话名著连环画》等，把孩子引向丰富多彩、充满幻想和诗情的世界；高年级孩子选书一要实用，二要立足于启迪思维、开发智力，不要再给他们加重负担，否则，产生的效果只能是适得其反。

掌握正确的学习方法。在自学的过程中，掌握正确的学习方法相当重要。

物理学家笛卡尔说:“最有价值的知识是关于方法的知识。”掌握读书的方法、记笔记的方法、写学习心得的方法与使用工具书的方法等,学会对所学知识进行分析、归纳、总结都能促使孩子自学能力的提高。

给孩子找个自学伙伴。在比较中孩子才可能发现自己的特长、优势,产生更高的学习劲头。另外在比较中也可以让孩子发现自己的不足之处,及时地纠正或超越他人。但是,这个伙伴必须是认真学习而且是有志气的人。这样的两个人在一起可以产生叠加效应,激发出更大的积极性,对自学非常有利。

适当放手,不要过分督促孩子

生活中,父母对孩子的学习督促得越严,孩子的学习效果越不理想。想帮助孩子形成主动学习的良好习惯,父母就要注意自己行为对孩子的影响,要善于适当放手,不要过分督促孩子去学习。

12 岁的晓雅是小学六年级的学生了,为了督促她的学习,妈妈给晓雅订了“家规”贴在晓雅做作业的桌子上。

家规只有三条,每一条的内容也只有一行字。第一条是:“放学以后马上回家写作业,不听就拿开水烫身体”;第二条:“不完成作业,而和别人打架,就把一只手剁下来”;第三条:“说谎还犟嘴把第二只手剁下来”。“生猛”的家规下面还写上了晓雅的姓名,以及这份家规的生效日期。

当别人问起妈妈,为什么会有这么严厉的家规时,妈妈落泪了:“家里太贫寒了,她上学的学费是找人借的。自从她爸爸住院了,我忙着照顾住院的丈夫,还想着法地赚钱养家,对晓雅也不像以前那样严格监督了,自己有时候情绪不好,也会对孩子发火,可能孩子也承受了很大压力,等发现问题时,孩子的学习成绩已经下滑了,所以对她要更加严厉一些才行。"

对妈妈的做法,晓雅当然不赞同。她总觉得自己被妈妈束缚了。但是,她也能够体谅妈妈的辛苦,所以,看到妈妈在家里就想让她高兴,马上坐下来写作业;当妈妈不在家的时候,她就觉得没必要这样做,索性就不写了。

为了让孩子提高学习成绩,特别是孩子成绩有所下滑的时候,父母总是忍不住要催促。当父母下班一回家,就要看孩子是否在写作业,如果孩子还没有写,就会说:"都几点了,还看电视?""还玩儿? 作业做完了没有?""怎么还不做作业呢? 快做作业去!"只要孩子不动,父母就会一遍又一遍地催促孩子快去做作业。当孩子在做作业的时候,有的父母还忍不住要去指指点点。有的父母甚至上班时还要打电话督促或询问孩子做作业的情况。他们认为,督促孩子越多,孩子进步就会越快。其实,这样的结果往往事与愿违。

有的父母喜欢在孩子做作业时指责数落孩子的各项不是,一旦发现孩子作业上有问题,哪怕是小问题也极力放大,让孩子改来改去。这样,孩子不可能在父母的责备中有积极愉快的情绪体验,而且父母的唠叨、训斥,只能让孩子产生紧张、烦闷的消极情绪,从而影响孩子的学习态度和学习兴趣。

父母不停地督促孩子去学习,这样反复、过度地不良刺激往往会使孩子形成不良的条件反射,降低学习效率,即父母一张口,孩子最直接的反应就是不想听、心烦,产生逆反心理。时间长了,慢慢地失去学习的主动性。

父母只有把学习的主动权交给孩子,孩子才会自觉主动地去学习,并且从中品尝到自主学习的乐趣。

李娜以第一名的成绩考入了重点高中，这和妈妈从小对她的教育是分不开的。在孩子小时候，妈妈就重视对她的引导，使她在强烈好奇心的驱使下，不断主动地学习新的知识。

妈妈从来不强迫李娜必须要怎么学习，也不随时监督她的学习，只是在恰当的时候，给予她指导性的意见。即使在李娜准备考高中的时候，妈妈也不多过问她的学习情况，而只是不断地传达自己对她的信任。孩子在这样宽松的环境中能够更加自觉地学习，最终取得了成功。

主动学习是孩子学习过程中的好习惯。如果父母过多地支配和管制孩子，就会挫伤孩子学习的积极性和自主性。当然，父母对孩子适当地提醒、督促是必要的，但督促最终是为了让孩子自己主动去学习，所以督促孩子只能适当，而且要讲究方法。父母可以参考以下这些建议：

与孩子交流思想感情来促进孩子学习。父母和孩子之间的关系如何，直接影响孩子的学习积极性。所以，无论你工作有多忙，都要经常关心孩子，主动询问情况，与孩子交流情感。在与孩子进行思想交流时要有耐心，做到平等相待，使孩子感到家庭的温暖和父母的爱。于是孩子就会有良好的心境去学习，就会亲近父母，信任父母，愿意将自己的想法和学校里发生的事告诉父母。这样，你不仅可以了解孩子在校的表现，而且还可以了解孩子的内心世界，有助于父母针对性地做好孩子的思想工作，调动孩子的学习积极性。

督促孩子学习不要唠叨，不要大事小事都要干涉。在父母的絮絮叨叨、指责数落中，孩子决不可能有积极愉快上进的情绪，很难进行主动积极的思考。父母的唠叨，不停的催促、训斥，使家庭气氛紧张，使孩子紧张，影响学习。作为父母，在教育孩子的时候，要学会长话短说，不必要的话不说。

让孩子学习起来更有干劲

“我的儿子凡事都提不起劲。”

“都要考高中了，孩子还不懂得自觉地读书。”

“我儿子成绩不好，我为此特意给他请了家庭教师，可是他自己却不用功，补习费算是白花了。”

……

生活中，我们经常会听到一些父母抱怨自己面临的烦恼（当然，在以上这些问题中也不乏杞人忧天的父母。如父母担心自己的孩子要考高中却还不用功，事实上，他们的孩子现在还正在念初中一年级），孩子学习没有干劲，主要是由于以下几方面因素造成的：

孩子并不需要用太多的精力去学习时，父母却强求他拿出全部精力去面对功课的挑战，孩子就会显得没劲。

当孩子产生这件事自己办不到或是这件事太困难等先入为主的想法时，也会失去积极性。

太容易的功课或是要求的水平太低，也会使孩子无法产生积极性。

那么，怎样培养孩子学习的积极性呢？

1. 根据孩子的兴趣来调动学习积极性。因为，兴趣最能点燃人的激情。

有一位可敬的父亲，他的儿子因学习成绩不好，长期受挫而厌学，不得不辍学在家。面对一个12岁刚上初一的男孩不能上学，父亲没有抱怨、打骂孩子，也没有求人托关系，找门路复学，而是注意发现孩子的闪光点，竭尽全力点燃孩子的激情。

父亲发现孩子在家无聊地拆卸家中的小闹钟，便觉得时机到来了。他对儿子说："你想办法将它装起来呀。"儿子一脸的无奈。父亲没有责骂，而是与儿子商量，星期天一起去书店买一本组装闹钟的书，儿子欣然同意。

结果，父子俩用一整天的时间，对照着书，将闹钟拼装了起来，儿子高兴得手舞足蹈。父亲便借机说："孩子，古人云'书中自有黄金屋'，书可以帮你解决你想解决的问题，它会增添你的生活乐趣，读书其实是一件很有趣味的事，你说对吗？"孩子默然无语。

为了进一步激发孩子的学习动力，这位有教子智谋的父亲，用较高的价钱将一位电器修理师请到家中，让他对着书本，讲解收音机、电视机等家电的知识，让孩子学习拆装家电——激发孩子的读书兴趣。

工夫不负有心人，因为孩子懂得了学习的重要，又在实践中尝到了乐趣，不但复学读书，而且对物理学产生了浓厚的兴趣，最终成了一名很有造诣的物理学博士。

聪明的父母，在孩子学习积极性不高的时候，不应总用"未来找不到工作"，或是"我揍死你"来吓唬孩子，那样，孩子对未来没有憧憬，就更不可能激发起学习的积极性。父母应当像上述事例中那位父亲学习，根据孩子的兴趣来因势利导，让孩子主动去学习。

2. 对孩子要坚持鼓励，不批评或少批评。同时，父母千万不要拿自家孩子的缺点同别人家孩子的优点去比。

有些父母喜欢给自己的孩子定一个学习样板，经常对孩子夸奖人家如何的优秀，得 100 分还加 20 分，以为这样做就可以促使孩子发奋学习，岂不知这样做的结果，只能使孩子非常反感。

要知道，每个孩子的学习基础和智力等条件是不相同的，而且，每个孩子都有自尊心，也都有上进心，父母拿自己孩子的不足，去同别人家孩子的长处相比是很不妥的，越比越让孩子“无处藏身”，越比越让他“敌视”优秀生，也更厌恶学习，结果是使教育进入了“恶性循环”。

父母最好用“竖比”的方法，特别是对目前存在问题还比较多的孩子更要多加鼓励。这里所说的“竖比”，就是拿他的“今天”同他“以前”相比，仔细地找他的进步，这就是人们常说的“寻找闪光点”。如，从孩子不主动上学到主动去；从上课不举手、不张口到开口主动提问；从回家从来不主动看书到主动看一页书等，父母要看到孩子每一次的进步。

3. 父母要慎说一些让孩子难以接受的话，比如“反正”或“还是”等。

当孩子给父母一张分数很低的成绩单时，相信有很多的父母，为了安慰沮丧的孩子，会无意识地说：“没关系，反正你这个科目不行！”或“还是和上次一样的低分数？”做父母的也许是为了安慰孩子，但这样的言语，不但不会带来安慰或鼓励，反而会使孩子更加灰心丧气。

“反正”或“还是”，无疑是表示要孩子放弃努力，若父母经常把这句话挂在嘴边，当孩子想要做某件事时，心里就会升起“我反正做不成”或“大概还是做不到”的想法。这种不利的自我暗示,相当于不战而败,孩子当然不可能会产生学习的动力,面对任何事情,都会以马马虎虎的态度应付了事。

4. 让孩子制定具体的学习目标。

如果不确立学习的具体目标,会影响孩子学习积极性的发挥。而且,目标的实现可以使人有一种自豪感和成功感。这就是说,确立学习目标,是激发孩子学习积极性的基本要素。在确立目标时,要尽可能地具体,让孩子易于接受。例如布置复习考试时,最好限定出题范围。很多事例证明,目标的明确和具体化,可以使孩子乐于学习,增强学习积极性,提高孩子的学习成绩。

5. 正确对待孩子的成功与失败。

孩子一旦灰心失望就永不会有进步。比如,当孩子的语文好,数学差时,做功课时可以让他先做语文作业,再做数学作业,如果程序相反,不仅数学做不好,语文也不会有进步。在做数学作业时,也要让孩子先做些简易的题目,然后再让他做些较难的题目。在考试时,也要告诫孩子要先易后难,这不仅能增强信心,还可克服考试恐惧症。孩子的每一次成功,对他都是一种激励。

当孩子失败的时候,做父母的千万不要过分地责难孩子,这样会挫伤孩子学习的积极性。父母应该做的是,帮助他寻找失败的原因,使他明白怎样做才能避免失败。同时,也要告诉孩子,不要惧怕失败,失败是通向成功的必经之路。

小故事:教育才刚刚开始

这一天,是美国东部一所大学期终考试的最后一天。在教学楼的楼道里,一群学工程的高年级学生围成一圈，正在讨论几分钟后就要开始的考试，他们的脸上洋溢着自信，这是他们参加毕业典礼和工作之前的最后一次测验。

有一部分人在谈论他们已经找到的工作，也有一部分人则在讨论他们即将得到的工作。4 年的大学学习使他们信心倍增，他们感觉自己已经准备充足，并且能够在社会中大干一番。

他们知道，这场即将到来的测验会很快结束的，因为教授事先告诉他们，可以带想带的任何书或笔记，唯一的要求就是：在测验的时候不能交头接耳。

时间到了，他们兴高采烈地冲进教室。教授把试卷分发下去。当他们发现只有五道评论类型的问题时，个个喜笑颜开。

3 个小时过去了，教授开始收试卷。考试前还信心百倍的年轻人看起来不再自信了，他们的脸上有一种恐惧的表情。整个教室安静极了，教授手里拿着试卷，面对着整个班级。

他扫了一眼眼前那一张张焦急的面孔，问道："谁完成了 5 道题目？"

没有看到一只手举起来。

"完成 4 道的呢？"

仍然没有看到举起的手。

"3 道题？ 2 道题？"

学生们开始有些不安，在座位上扭来扭去。

"那 1 道题呢？ 总该有人完成 1 道题吧。"

整个教室仍然很沉默。教授把试卷放下，走向讲台。

"这正是我期望得到的结果。"他说。

“我只想要给你们留下一个深刻的印象，虽然你们已经完成了4年的工程学习，但关于这项科目，你们仍然有很多未知的东西。这些你们回答不上来的问题是与每天的普通生活实践相联系的。”

然后他微笑着补充说，“当然，每个人都会通过这个测验，不过，我只想要大家记住：虽然你们现在已是大学毕业生了，可实际上你们的教育还只是刚刚开始。”

学习永远不停止，永远有自己不知道的东西。无论你现在觉得自己有多么的优秀，也无论你现在已经获得了多大的成就，都不要满足自己已有的知识。要记住那句话，活到老学到老，永远不要停止学习，这样才能实现自我完善、自我超越！

第 3 章　鼓励是最好的学习营养剂

为了在教学上取得预想的结果，单是指导学生的脑力活动是不够的，还必须在他身上树立起掌握知识的志向，即创造学习的诱因。

——列·符·赞科夫

（前苏联著名的教育家、教育学家、心理学家）

让孩子在关怀中受到鼓励

生活中，有很多父母常常用命令的口吻让孩子去学习、去读书，这是孩子最难以接受的。其实，相比于苦口婆心的说教和严厉的教导，鼓励孩子的话语更容易深入孩子的心灵。

一个母亲，曾参加过孩子的三次家长会。第一次，幼儿园的老师说："你的孩子可能有多动症，你最好带他上医院看看。"回家的路上，她告诉儿子："老师表扬了你，说宝宝原来在板凳上坐不了一分钟，现在能坐三分钟了，进步很大。"

第二次，小学家长会上，老师说："你儿子排名全班倒数第二。"回家的路上，她流着泪，然而回到家，却对儿子说："老师对你充满信心，说只要你能细心、认真一点，会赶上你的同桌。"

第三次，初中开家长会时，老师告诉她："按你儿子现在的成绩，考重点高中有点危险。"她回家告诉儿子："班主任对你非常满意，她说只要你努力，很有希望考上重点。"

高考结束后，儿子被名牌大学录取，他边哭边对妈妈说："我一直知道我不是一个聪明的孩子，是您不断的鼓励才使我考上大学的。"

人人都需要赏识，年幼的孩子更是如此，所以父母们要不断地鼓励孩子，让孩子感到快乐，千方百计甚至"无中生有"地表扬孩子。正如上述事例中，正是由于妈妈的鼓励，男孩才能够严格要求自己去达到妈妈所说的好的状态，最终他获得了成功。

优秀的父母必须学会夸奖孩子。也许有的父母会说:“夸奖孩子,谁不会啊,不就是拣好听的说呗!”其实,还真有些父母不会夸奖孩子,他们看到更多的则是孩子的缺点和毛病。

有的孩子已经尽自己最大的努力去学习,也取得了比较好的成绩,但是父母还是不满意,因为总有一些孩子比自己的孩子优秀。这样会让孩子对学习产生厌烦的情绪,直至对自己丧失信心。

父母如果经常批评孩子,就很容易让孩子产生自卑感,甚至留下“爸爸妈妈看不上我,别人什么都好,我什么都不好”的心理阴影。有的孩子甚至会产生“我是不是爸爸妈妈的亲生孩子”的疑问。孩子一旦产生自卑心理,学习成绩就很难得到提高。

父母要学会善于发现孩子的优点,鼓励孩子在学习上取得的点滴进步,这样才能帮助孩子找到学习动力。比如,当孩子没有考好时,父母也要善于发现孩子在哪些方面比以前进步了,然后夸赞他。这时,孩子才会继续努力,去争取大一点的进步和成绩,真正建立起自尊与自信。

孩子并不单需要父母供应物质上的一切,他还需要精神上的慰藉,需要心灵的沟通,需要周围人的鼓励,而父母的鼓励则是孩子最在意的。

鼓励孩子学习,首先要给予他足够的信任,认为他可以做得好,其次是要孩子量力而行,要结合自己的实际,不要太劳累,不要太强迫自己。孩子听了父母这么说,感受的不仅是鼓励,还有来自亲人的最真诚的关怀,这会让他心里觉得温暖。同时,学习带给他的压力也因此而化解了。

当然,鼓励孩子学习还得就具体情况而定。有的孩子特别贪玩、调皮,父母就要因势利导。比如孩子玩累了，可以对他说："歇一会儿，去做功课吧，做完了功课，可以玩得更开心了。"有的孩子内向，或者成绩不好，每天一回家就只顾着埋头苦读，父母就必须想办法让他多跟其他的孩子一起玩，或者带他出去玩，让他减轻学习带来的心理上的负担。孩子做完了功课，你可以对他说："现在功课做完了，你可以出去玩会儿，让大脑休息一下。这样明天才有精神学习新的功课呀。"或者说："学习是很重要，但是不用这么拼命，咱们不急，一点点来。该玩就玩，该学就学。要把学习变成一件快乐的事。"

让孩子抬起头来走路

一位正在读初二的男孩，一次代表学校参加省里的演讲比赛。第一次参加这么隆重的比赛，他的内心紧张极了。想到自己马上就要上场，面对上千名的观众，他的手心里开始冒汗了："要是在台上一紧张，忘了演讲的内容，那可怎么办啊？" 他越想，内心就越紧张，连心跳都加速了，他甚至产生了临阵脱逃的念头。

就在这时，班主任走过来，随手将一张纸卷塞到他的手里，轻声说道："这是你要演讲的内容，我怕你忘记了，专门给你复印了一份，如果你在台上忘记了，就打开看看。"男孩听了，对班主任的体贴充满了感激。他紧紧地握着这张纸条，像握着一根救命的稻草一样，匆匆上了台。也许是因为带了演讲稿，即使忘了词也能及时看演讲稿，男孩的心里踏实多了，他在台上发挥得很好。

演讲完，男孩高兴地走下台，向班主任致谢。班主任却笑了，说："是你自己战胜了自己，找回了自信。其实，我给你的，是一张白纸，上面根本没有内容！"男孩奇怪了，他缓缓展开手心里的纸卷，果然上面一个字也没有。他感到惊讶，自己凭着一张白纸，竟顺利地度过了难关，获得了成功。

“你握住的这张白纸，并不是一张白纸，而是你的自信啊！”班主任说。

男孩再次郑重其事地感谢了班主任。在以后的人生路上，他凭着自信，战胜了一个又一个困难，取得了一次又一次成功。

自信心，是一个人自己相信自己的愿望，或预想一定能够实现的一种心理状态。具有自信心是一个人自我意识成熟的一种表现。自信也是一个人走向成功的首要条件，它可以将人的潜能调动起来，使自己达到最佳状态。

帮助孩子建立良好的信心，是让孩子迈向学习成功的关键。孩子在学习的过程中，总会遇到各种各样的困难和挫折，只有建立信心，才能够像上述事例中的那位男孩，在困难面前，冷静沉着。

生活中，我们经常会发现：成绩好的孩子往往自信心强，自信心强又使得他们能把自己的本领发挥到极致，学习成绩越来越好，这是一个良性的循环；而成绩较差的孩子由于学习受挫、受外界负面评价过多等原因，总觉得自己不如别人，不是学习的材料，本来能学好的功课也学不好，越学不好信心越不足，而信心越不足成绩也跟着越差，这就陷入了一个恶性的循环。

所以，对于学习成绩不理想的孩子，父母应当从培养和增强他的学习信心入手。孩子的自信心上来了，就有干劲，就有了克服困难的勇气，就有了事事争先的斗志，这样的孩子学习上就一定会有所进步。那么，父母应该如何做呢？

及时赞赏孩子的成功。任何人做任何事，只要取得成功，就会增长一分自信。在学习上，孩子的成功和成人做事一样，来之不易。对他们及时地奖赏、鼓励、表扬，就显得十分重要。

父母平时应注意观察孩子的表现，孩子一有进步，就要给予及时地表扬。对于缺乏自信和学习有障碍的孩子，哪怕只要他有一个小发现、一个小收获，就应给予鼓励，随时把欣赏、赞赏送给他们，使他们时时保持学习的积极主动性。

学会理解孩子的失败。孩子在学习的过程中，难免会遭受挫折与失败。比如，孩子的学习出现了低谷，父母也不能用异样的眼光去看待他，而应该对他们持理解、宽容、关心和体贴的态度，这样才能保护孩子的自信心和自尊心。

有些父母对待孩子学习上的失败，不是漠不关心，就是挖苦、讽刺、批评，这种做法不仅损伤了孩子的自信心，对孩子的人格也造成了伤害。每个人都有失败的时候，重要的是在失败中不要丧失自信心和勇气。

降低对孩子的期望值。许多父母对孩子抱太大希望，常常自觉不自觉地给孩子施加压力，强迫孩子在小小年纪就去学这学那。结果，许多孩子对学习产生了厌恶情绪，有的还严重影响到身心健康。

父母应设身处地考虑孩子的实际情况，照顾孩子的兴趣爱好和实际能力，尊重孩子的意愿，而不是盲目地要求孩子按照自己预先设计的轨道成长，不要把孩子人生的最大砝码仅仅押在学习成绩的拔尖上。要知道，培养孩子有一个健康的心理、美好的品格和良好的动手能力，远比考试成绩的第一名更为重要。

用积极乐观的心态影响孩子。父母和孩子生活在一起，彼此的心态、情绪都会相互影响，所以，父母要有意识地用积极乐观的心态去影响孩子。比如：当孩子自卑、愁苦的时候，父母要用真诚积极的语言鼓励安慰孩子："虽然你以前的基础不太好，但是爸爸已经看到你这阶段很努力的学习，确实掌握了很多以前遗留下来的知识点。不要急，爸爸相信你继续这样坚持下去，一定能赶上来的。”

父母始终能给孩子鼓励和信任，这是给孩子巨大的精神支持，孩子能真心感受到父母对自己的爱，产生强大的克服困难的心理动力和勇气。

最后，除了上面这些，平时生活中，父母还可以指导孩子学会一些让自己变得更自信的招数，比如说：

学会微笑。孩子要将微笑作为生活中的一部分，经常微笑可以给自己增添信心、从容和力量。

挺胸抬头走路。人的走路姿势与步伐和内心的信心体验有密切的关系，孩子应该养成挺胸抬头，步伐坚强有力，速度稍快的走路习惯。

暗示自己，“我能行”。心理学研究发现，自我暗示的力量是巨大的。如果我们暗示自己“我能行”，我们就会逐渐变得更有能力，如果我们告诉自己“我不行”，我们就会变得越来越笨。

孩子成长不可缺少的“养料”

哲学家詹姆士精辟地指出：“人类本质中最殷切的要求是渴望被肯定。”父母的赞美是阳光、空气和水，是孩子成长不可缺少的养料；父母的赞美是一座桥，能沟通父母与孩子的心灵之河；父母的赞美是一种无形的催化剂，能增强孩子的自尊、自信、自强。父母对孩子的赞美越多，孩子就越显得自信乐观，学习的劲头就越足。

正在读初中的周兰兰学习成绩并不好，但是一件小事却改变了她的一生。

那是在一次数学课上，老师说了一串数字，要求孩子们计算出“开根号”后的结果，当周围的同学们噼里啪啦地敲着计算机时，周兰兰已经在草稿纸上把结果准确无误地写下来。老师当时就惊呆了，举起大拇指连连称赞：“你真是个数学天才。”

不久兰兰又被这位老师推荐到数学兴趣小组里。一次数学活动，孩子们提到关于“π”的值的求法，她当场把小数点后 28 位全部背出来，在场的同学们都惊呆了。从此，兰兰的声名大振，走到哪里，都有人指着她悄悄说：“你看，她就是那位数学天才。”

数次鼓励大大增加了周兰兰对数学的兴趣，在之后的州级数学竞赛中，她荣获了第三名的好成绩。初中毕业后，她如愿以偿地考上了重点高中。

表扬能激发孩子学习的兴趣，发挥出学习潜能，父母应该尽可能地让孩子做到“施其才，展其能”，相信每个孩子都会成才。

很多父母都知道，赞美比指责能更有效地激发孩子积极的学习动力，因为前者能使孩子产生成就感，对事物有更高的学习热情和积极性，后者却只会挫败孩子的自尊心和自信心。孩子受到的赞美越多，对自己的期望就越高，学习就越努力；相反，受到的赞美越少，孩子随之产生的自我期望和努力就越低。

确实，孩子的心理发展还不完善，他们较看重来自外界的承认或认同，当学习和行为上取得小小的进步时，他们需要得到父母的关注、认可和欣赏。

在孩子的日常学习和生活中，父母应当积极地关注、仔细地观察自己的孩子，对他们的每一个进步、优点及时地进行赞美和强化。一次恰当的赞美，比十次泛泛的夸奖更有意义。那么，什么才是一次恰当有效的赞美呢？家庭教育指导专家指出，一个完整的赞美过程，必须做到以下的几步：

赞美要表达内心真实感受。真正的赞美还需要建立在父母发自内心对孩子真实情况了解的基础上。千万不要低估了孩子的观察力，他们需要的是父母真正的、发自内心地赏识。只有心与心地接触与碰撞，才能让孩子真正收获喜悦与快乐。否则，孩子就会觉得赞美是虚伪的，赞美的目的就不可能达到。所以，给予具体的赞美还不够，父母还要向孩子表达出让父母有所触动的感觉，将感动、喜爱的情意流露于话语中。

在众人面前赞扬孩子。孩子应当得到赞美时，父母可以当着别人的面前赞美孩子。孩子的成绩当众肯定了，这就是双重的奖励。如果你当着客人的面赞美自己的孩子："我的孩子很懂礼貌。"以后他就会维持这种受赞美的行为，并且养成懂礼貌的好习惯，每次将客人送到门外，都会说："再见，欢迎以后再来玩。"

对孩子的赞美要及时。美国哲学博士詹姆斯·多柏森认为，如果要让赞美发挥最大的效用，就应该在最令人满意的结果出现后的短暂时间内提供奖励或表扬，如果时间拖得太久，表扬的作用也会淡化、减弱或消失。由于心智不够成熟，没有足够的精神包容力，孩子对于等待往往很不耐烦。在他们的心里，事情的因果关系是紧密联系在一起的，年龄越小，越是如此。因此，当孩子做出令人满意的行为后，父母一定要及时表扬。否则，孩子会弄不清楚为什么受到了表扬，因而对这个表扬不会有什么印象，更起不到强化的作用。

对孩子的赞美要具体。许多父母说："我知道应该多赞赏孩子，多鼓励他，可是，我的孩子不经夸，一夸就骄傲自满。"其实，这主要是因为父母的赞美没有具体化，父母只是笼统地说："宝贝，你真聪明啊！"他也不知道自己到底是哪儿聪明，当然容易骄傲了。而假如父母具体地指出孩子聪明在哪里，那么，就会刺激他坚持这种聪明的举动。比如，你鼓励孩子说："你真有股钻劲，我发现，你在解几何题时总能想出第二种思路和方法。"那么，他以后在解几何题时，就会有意识地坚持多想出一种方法来。

对孩子的赞美要有新意。如果只是一味地进行简单赞美，孩子就会感觉"赞美疲劳"。所以，父母还应该不断选择新的角度，发掘新的内容，特别是潜在的优点。比如孩子如果学习好，仅仅是称赞他学习刻苦、成绩优异，就显得没有新意，还不如赞美他学习方法独特，效率很高，以促进他更加注重效率和方法。这就要求父母要有敏锐的观察力，要善于从新角度上看问题，能从孩子表现出的细微处，及时发现孩子身上潜在的东西，给以赞美和肯定。

赞美孩子要坚持原则。很多家长虽然奉行赞美教育，但是却没有收到好的效果，原因就是他们对孩子无原则地赞美，结果造成孩子是非不清，骄横跋扈的坏习惯。孩子按父母的要求去做了，并做得很好，就应该及时赞美，做了不对的事情，即使孩子哭闹，耍赖皮也千万不要迁就他、说好话。否则，赞美就会失去原有的积极意义。

恰当地运用好"标签效应"

从小就喜欢跳舞的王欢，学跳舞已经十年了。虽然已经上初中了，学习也更加紧张，不过父母想，只要不影响她的学习，多一门兴趣也未尝不可。于是，在征得王欢的同意后，父母还是继续给她报了舞蹈兴趣班。

于是，每天放学后，王欢就去学舞蹈，一次要学一个小时。王欢刚去的时候可高兴了，回到家就把刚刚学会的动作跳给父母看，脸上洋溢着自豪的笑容。

可是，后来也不知从什么时候起，王欢变得越来越沉默，很少看到她笑，也不在家人面前表演舞蹈了。有一次放学后，王欢居然问爸爸妈妈可不可以不去学跳舞了。爸爸妈妈不明白是怎么一回事，就决定到辅导老师那去问问情况。

那天妈妈早早地来到辅导班，把王欢带出舞蹈教室，拉着她的手问辅导老师："这孩子最近表现怎样？"老师说："舞蹈动作做不到位，上课也不好好听讲，没几分钟安静的听课，老是做小动作，她根本不是跳舞的料。"

这时，王欢的脸上泪水早已夺眶而出。回到家后，王欢用哀求的语气对父母说："爸爸妈妈，我再也不去学舞蹈了，好不好？"看着孩子，父母一阵心酸，其实他们知道，孩子是喜欢跳舞的。

上述事例中的那位老师，可以说是不称职的。因为他的一句"不是跳舞的料"就给孩子留下了不好的阴影。一个人被别人下某种结论，就像商品被贴上了某种标签。这就形成了"标签效应"。在"标签效应"下，孩子脆弱的自尊心被严重伤害了，跳舞的积极性也被挫伤了。

美国心理学家贝克尔说："人们一旦被贴上某种标签，就会成为标签所标定的那种人。"有些父母常常喜欢数落孩子，而且一数落起来就随便给孩子下结论。"唉呀，你真是太笨了，学习老是上不去。""你就是个撒谎大王！""你无可救药了！"久而久之，连孩子自己都不相信自己了，从而对学习、对生活失去信心。

同时，在社交活动中往往物以类聚、人以群分，如果你给孩子贴上坏的标签，他就会把自己归到表现不好的孩子那一类，经常和那些孩子待在一起，这又会加重孩子的不良倾向。

所以,父母对有缺点、坏习惯、坏行为的孩子,千万不能动辄贴上坏的标签。相反,要从各方面去观察,用放大镜尽力找出孩子的优点,时刻看到他们的进步,用好标签去鼓励他们发扬优点。那么,"笨孩子"就有可能悄悄地变成"聪明孩子",收到意想不到的教育效果。

有一位出色的班主任,当他接过一个所谓的差班后,并不曾把孩子们召集来先训斥一番以示自己的威严,更不曾对这个班级破罐子破摔来个不管不问,而是打印了许多封信,发给班上的同学每人一封,要求大家每人复制一份给父母寄去。

这是封什么样的信呢?上面写着:"最近,我比以前大有进步,我变得守纪律了,听话了……""我的学习比以前好多了……""我一定珍惜这个小小的开始,一定要继续努力,争取新的进步……"

按照班主任的要求,大家都把信寄出去了。班主任在班会上对大家郑重表态:"虽说这封信是我写的,但我坚信,这一定会成为现实!"

此后,每过半个月,这位班主任都要起草一封类似的信让孩子寄出。最后,一个奇迹也就悄然出现了,由于这些信的作用,同学们都变了,而且,即使是最淘气的那几个所谓的"坏孩子",也在努力改变着自己。

故事中,那些后进生为什么会有如此大的改变呢?原因就在于信在起作用。"我进步了"、"我守纪律了"、"我的学习比以前好多了"。换一种说法,就是那位出色的班主任,给他们身上贴上了"进步"、"听话"之类的好标签,于是孩子们就在不知不觉中按照标签上的"暗示",朝着标签所示的方向前进。标签是一种巧妙的暗示与鼓励,做父母的千万不要低估它神奇的导向作用。

父母只有恰当地运用好“标签效应”，才能帮助孩子获得好成绩，让孩子成长得更加自信。

首先，父母要经常性地给孩子贴正面、积极的“标签”。用欣赏的眼光看待孩子，让孩子在父母的正确鼓励引导下成长。

其次，对孩子要少贴或不贴负面、消极的“标签”。孩子是靠父母的评断来认识自己的，如果孩子忽然发现自己在父母的眼里是那样的不堪造就，他们会难以承受这种打击，日后极有可能以心灰意冷的态度对待学业、对待生活。

最后，让负面的、消极的标签产生正面的效应。这就是要让孩子能够理解所贴标签是不是客观、公正的，并不断培养孩子的独立性。要知道，孩子毕竟是孩子，其年龄越小，对于成人的说法越易于认同，也就是他并不容易分辨成人说的是不是客观、公正。同时，正处于成长阶段的孩子，其独立性是有限的，即使觉得父母不公平，也不容易产生“你说我不成，我就做得更好给你看”的想法。所以，父母要培养孩子的独立性，让他们逐步知道好与坏、善与恶、爱与憎，从而培养他们正确的情感、态度、价值观，促使他们正确认识世界、认识自我。

世上没有教不好的孩子，只有不称职的父母和教师。多给孩子一些爱，多对孩子用心一点吧！你会发现每个孩子都是那么的出色，都是那么的聪明！

不要打骂成绩不好的孩子

一天，我走在大街上，看到前边围了一群人，原来是一对中年夫妇正在和一个大概十五六岁的男孩撕扯着。

“怎么回事啊?”我问旁边的一位年轻女孩。

“那男孩是他们的儿子”年轻女孩说,“听说,这个男孩马上就该上初三了。十几天前,他的期末考试没有考好,他爸爸就打了他,男孩一气之下从家里拿了点钱,就离家出走了。这不,刚刚才在一家网吧里把他找出来。可又不愿意回家,说是怕回家后爸爸妈妈又要打他。”

旁边一老太太插话道:“唉,这孩子也真是不懂得父母的一片苦心啊! 爸爸妈妈打他,也是为了他好啊!”

边上一位中年男人听了,反驳道:“孩子考试没考好,心里已经很难受了,回家后又被爸爸打骂,心里肯定更难受,不离家出走才怪。”

“嗯,你说得也有道理啊!”老太太听了,若有所思地点了点头。

孩子不愿意和父母回家去,一时僵持在那里。最后,街道民警过来了。民警赶到后,对孩子和他的父母进行了批评教育和耐心劝说:“以后千万不要随便就打骂孩子,要抓住孩子的特点,多鼓励多交流,从生活和精神上多关心孩子。那样,才能赢得孩子的心,才能提高学习成绩啊!”

男孩的父母听了,惭愧地低下了头。当民警让男孩跟父母回家时,男孩说到:“那要让父母向你们保证,回去后不许再打骂我。”

于是,那对父母只好承认错误,保证以后不再对他动粗后,男孩才跟着父母走了。

孩子的考试成绩出来后,考得好的,父母喜笑颜开;考得不好的,父母一脸怒气,弄不好,一巴掌下去,“你是怎么考的,考这么差?”

经常打骂成绩不好的孩子,会让孩子的身心遭受创伤。当孩子遭到父母的打骂时，心里都不会舒坦。皮肉之苦，会让他们产生怨恨、逆反、畏惧等心理。导致的直接后果，是孩子与父母之间的亲情日益淡漠，隔阂越来越深，有的孩子甚至会产生报复心理。

每个孩子都有自尊，希望得到别人包括父母的尊重，而别人的尊重、信任是他们前进的重要动力。经常挨打的孩子，自尊心受到损害，产生自卑，极容易走上自暴自弃、破罐破摔之路。现实中，由于遭受父母打骂而离家出走的人很多，甚至还有孩子自杀，造成的家庭痛苦是难以言状的。

经常挨打的孩子，容易产生逆反心理，从而产生厌学情绪。孩子年龄还小，有时对于学习成绩的好坏意味着什么，他们并不一定从心底明白。当孩子考试成绩好的时候，父母就会很开心，但是当他们考得不好的时候，父母就会狠狠地打骂他们，孩子就会在心里记恨父母，不想让父母高兴，不愿意让父母的心愿“得逞”，也就故意不好好学习，成绩自然不会有所提升。

经常挨打的孩子，会染上撒谎的坏习惯。为了逃避挨打，孩子往往会违心地说谎，瞒得过就瞒，骗得过就骗。因为骗过一次，就可减少一次皮肉之苦，但是孩子说的谎，往往站不住脚，容易被父母发现。惩罚说谎的孩子，父母态度往往很强硬，对孩子打骂；而为了避免再被父母打骂，孩子下一次做错事更要说谎，这样就构成了恶性循环。

经常挨打的孩子，还会染上暴力行为。孩子模仿性很强，往往从父母那里学会“以暴制暴”，学会“打人经验”，染上暴力行为。在家里父母打他，到外面他就打别的孩子，尤其是打那些比他小的孩子。父母打孩子，实际上成了教自己的孩子去打别的孩子的坏榜样。这样孩子长大后，他很可能会以武力解决人际冲突，不利于良好人际关系的建立。

父母期望通过打骂来教育孩子的做法是完全不可取的。打骂,只会造成孩子种种不良的心态和心理偏差,绝不能获得良好的教育效果。

因此,作为父母,千万不要打骂自己的孩子,在孩子成绩不好的时候,认真对待孩子的分数,不妨试试以下这些方法来取代打骂教育。

不给孩子定分数指标。有些父母简单地对孩子说:“这次必须达到多少分,否则我就对你不客气!”这样,只会增加孩子的思想压力,解决不了具体问题。聪明的父母应该指导孩子分析薄弱环节,定好计划,改进方法,越具体越好。当然,要以孩子的主动思考为主,不能强加给他。

主动联系孩子的老师。父母应该主动去请教班主任老师和任课老师,越是找不准孩子的学习问题,越要及时找老师讨论,请老师出主意。有的老师或许分析不透,这也没有关系,父母还可以去请教其他有经验的老师。

父母要改变自己对成绩单的看法。父母应该明白分数背后有很多因素,要改变只看成绩单和谈论分数,而不看孩子学习问题的习惯。孩子考试过后,不必天天催着孩子问:“成绩单发了没有?”

比如,当孩子给你看不理想的成绩单时,你应保持平静的态度,可以说:“你主动把成绩单给我看,很好。咱们找个时间具体分析分析这次考试的情况,好吗?”如果孩子迟迟不把成绩单拿出来,你可以启发他:“这次考试应该总结一下,你先考虑考虑,今天或明天晚上咱们一起分析分析。”

总之,父母不应该因为分数低就责怪孩子,可以向孩子要来他的试卷,跟孩子一起分析失分或者是得分的地方。

给孩子创造一个良好的家庭氛围

家，是每一位父母和孩子的心灵栖息地，不同家庭氛围下成长起来的孩子，必将具有不同的气质、个性和行为习惯。

为了鼓励孩子更好地学习与成长，父母需要给孩子创造一个良好的学习氛围，即学习型家庭氛围。

学习型家庭，是指这样一种家庭，即父母有意识地在自己的家庭中营造出一种健康、积极的良好学习氛围，通过自己的积极学习体验与获得，引导孩子对学习产生兴趣，继而模仿、尝试、体验，有效地激发孩子的学习兴趣，从而使孩子实现品德与智力的良性发展。

那么，怎样创建学习型家庭呢？父母可以参考以下建议：

1. 父母要为孩子做好终身学习的榜样。

常言道“身教重于言教”，要想创建学习型家庭，最重要的就在于父母要带头学习，父母在业余时间不断学习，不断给自己“充电”，对孩子来说是一种无声的教育。这要比不断叮嘱孩子“你要好好学习”，而自己却看电视、打麻将好得多。

一位妈妈经常在晚上写文章，眼前放一本字典以备查阅。妈妈在灯下好学的身影，认真学习的态度，无声地影响着女儿。女儿受妈妈职业的影响，也学着妈妈的样子，若有其事地翻看字典。此时妈妈学习的行为，已经在孩子幼小的心里埋下了乐于学习的种子，在孩子的心中，拿起字典翻看就是学习。

家庭虽然没有讲台和黑板，却是一所学校，一所爱的学校、终身学习的学校。

生活中，一些父母往往认为孩子的学习应该在学校中完成，却忽略了平时的家庭教育。如果父母们平时少看一会电视，少聊一会天，少一次应酬，少玩一次牌，多读一点书，多看一份报，那么学习化的情境教育会潜移默化地影响孩子。

一个孩子曾经对母亲抱怨："学校订的《家庭教育》我看后，有些文章我不太明白的地方折了角，做记号，想让妈妈也看看，妈妈却以种种理由推脱，说是没时间，但她却有时间和街坊邻居闲聊、看电视。在文化学习方面我真没瞧得起妈妈，所以我写的文章总是不让妈妈看。"

很多父母在教育孩子的过程中会犯一个很大的错误，那就是要求孩子学习的同时，自己却对学习满不在乎，他们"只要求孩子好好学习，不要求自己天天向上"。创建学习型家庭，父母必须从叮嘱孩子学、指导孩子学，转变为父母自觉带头学。而且，创建学习型家庭只靠简单的说教是不够的，只有通过父母的榜样作用才能触动孩子的内心世界。

2. 和孩子建立良好的交流与互动。

一位初中的孩子这样说自己的妈妈：

"我现在都不想理我妈妈了，我一出房间门就问我不学习干什么去？我觉得爸爸妈妈喜欢的不是我，而是分数。我和分数紧密相连。我不喜欢这样，即使我考倒数第一也是你们的孩子。我曾经问妈妈'你到底跟我亲还是跟分数亲？'妈妈毫不犹豫地说'当然跟分数亲了。你考试分数高，妈妈有面子。'妈妈这句话极大地伤害了我。"

在一个家庭中，父母与孩子之间如果能有平等、坦诚的交流与互动，会让孩子有更多的家庭归属感、安全感和幸福感，也会让孩子从中学到如何在家庭之外更合理的待人接物。因此，良好的交流氛围对孩子来讲至关重要，必将深刻影响孩子与他人、与社会的融合程度及应对态度。

来自某中小学网站的一项调查显示：25.96% 的父母会在孩子犯错时严厉批评而非讲道理，另有 8% 的父母会打骂孩子；四成以上的孩子在对某件事情发表自己的看法时会受到父母的冷遇，其中 17.48% 的父母会说："小孩子别乱说，你不懂"，13.59% 的父母只是听着，不做任何回应，6.8% 的父母还没等孩子说完就会打断孩子说："别说了，我知道"。4.85% 的父母忙于自己的事情不理会孩子；45.08% 的孩子感觉父母平时很唠叨。

当孩子与父母的看法不一致的时候，父母没有耐心听取孩子的意见；当孩子犯了错误，父母只是粗暴地责骂；当孩子的成绩有所下滑的时候，父母对孩子冷嘲热讽……久而久之，孩子就不会再和父母说出自己的心里话了，双方就不能很好地沟通了，更谈不上建立一个良好的家庭氛围了。

3. 善于创造和谐相处的家庭关系。

团结、平等、和谐的家庭关系会影响孩子的成长发展。家庭关系不正常，成员间互相指责、埋怨、争斗，孩子就会感受到冷淡、冷酷，产生敌对情绪，他们的心灵深处就会留下痛苦的伤痕，甚至会影响到学习成绩。

如果父母不注意家庭中人际关系的建设，不注意情感投入，夫妻争吵甚至动手，孩子就会在争斗的环境中形成野蛮的行为。为了给孩子的成长创造一个良好环境，家庭成员之间应该和睦相处，互相关心，互相爱护；同时，父母对孩子要民主，主动倾听孩子的意见、平等协商。

一个留级的孩子说:“我没法不留级,我在家没法学习。爸爸妈妈整天吵架,不是砸玻璃就是摔东西,有时妈妈几天不回家,爸爸就拿我撒气。有时我看到爸爸坐在墙角抽烟,一抽就是几个钟头,我心里也烦极了,哪有心思学习呀。”

很明显,这样的家庭关系就不可能培养出有教养的文明人。

另外,家庭中不能没有歌声和笑声。要让孩子的生活充实,家庭中必须有健康的精神生活。人们需要物质生活,同时也需要精神生活;需要学习、工作,也需要游戏、休息;需要严肃,也需要活泼、幽默。家庭气氛过于沉闷,不利于孩子良好性格的形成。

有些父母担心与孩子嬉笑打闹有失“父母威严”,其实这种想法是多余的。与孩子在一起欢乐地游戏,有助于调节两代人的感情,孩子和你亲近了,会更听你的话。如果你总绷着脸,孩子反而会敬而远之。

总之,要使家庭充满欢乐情趣,才能使孩子、父母的情绪得到调节,体会到天伦之乐,提高家庭的凝聚力,从而形成综合水平高的家庭教育力量,推动孩子健康快乐地成长。

小课堂:孩子爱听的 VS 孩子不爱听的

父母怎么说,孩子才爱听?话不在多,关键是孩子能听进去。

父母说孩子爱听、能听的话,避免潜台词背后可能带给孩子的负面心理暗示,这样的话本身暗含着他们该怎么做,虽然并没有去批评他们,反而能让孩子接受到教育。

而父母如果说孩子不爱听的话，尽管这些都是“苦口良药”，但是很多话刚一出口，就被孩子反感，不仅起不到教育的作用，还破坏了亲子关系。

说话这门语言艺术，父母得学习，特别是对待正在成长中的孩子们，父母更要慎言。

孩子爱听的话：

1. 我相信你一定能行！

2. 你非常聪明，妈妈永远喜欢你！

3. 你提的问题很有思考价值，我们共同讨论一下。

4. 你的思维很独特！能说说你的想法吗？

5. 你敢于向教材(老师)提出个人见解，非常了不起！

6. 你的画真漂亮，相信你的字也能写得更漂亮。

7. 你在眼睛受伤的情况下坚持学习，还学得这么好，妈妈真为你骄傲！

8. 坚持一下，你会做得比现在还好！

9. 做错了没有关系，我会帮助你！

10. 孩子，妈妈也有不对的地方，请你原谅！

11. 看到你的进步，我真高兴！

孩子不爱听的话：

1. 你看看人家明明，你看你……

2. 我刚才是怎么跟你说的？

3. 这么点小事都做不好,没用的东西!

4. 你怎么越大越……

5. 你笨得像头猪!

6. 住嘴!你怎么就是不听话呢?

7. 我说不行就是不行!

8. 我再也不管你了,随你的便好了。

9. 你若考了一百分,我就给你买……

10. 你又做了错事,简直是坏透了。

11. 妈妈没本事,你是妈妈唯一的希望了!

孩子的心灵是脆弱的,他们希望得到支持和理解,每一句鼓励的话语,都会使孩子信心百倍,但是一句粗暴的呵斥,足可以使他们的尊严受到极大的伤害。

轻易地否定自己的孩子,对他们的能力表示怀疑,是非常可怕的。"傻、呆、笨、坏",在孩子的心中是最严厉的判决,无情地将他们变成了一个家庭或学校的"另类",在与周围环境格格不入的同时,他们的心灵世界也会变得一片灰暗!

第 4 章　让兴趣点燃学习热情的火种

……问题不在于教他各种学问，而在于培养他爱好学问的兴趣，而且在这种兴趣充分增长起来的时候，教他以研究学问的方法。

——卢梭

（法国著名启蒙思想家、哲学家、教育家、文学家）

兴趣要比分数重要

有三个孩子谈学习兴趣。

一个讲:“我一拿起课本就头痛。每天作业一大堆,玩的时间一点也没有,真没劲。”

另一个说:“在家里,爸爸妈妈老是盯着我做功课;在学校里,稍一‘松劲’老师就点名批评,烦死了。”

还有一个说:“爸爸妈妈就只知道关心我的考试分数,从来都不关心我到底喜欢不喜欢这门功课。”

三个孩子的对话说出了相当一部分孩子的心里话——对学习不感兴趣。

一个人对一件事物感兴趣,自会全神贯注地去做。兴趣会使人对某一事物的钻研、探索达到入迷的程度,使人坚持不懈、废寝忘食,兴趣会使人才思敏捷。

心理学研究结果表明,学习兴趣对孩子的学习活动起着启动、增强、维持和调节的作用,有效地影响着学习过程和学习效果。实践证明,一个学习兴趣强的孩子,总是处于“我要学”的状态,以学为乐,乐此不疲,事半功倍,效果很好。反之,一个对学习不感兴趣的孩子,总是处于“要我学”的状态,以学为苦,勉为其难,效率低,效果差。孩子如果在小学阶段形成了强烈的学习兴趣,那么,他将终身受益。

可是,许多父母却认为,孩子考试的分数是评估这个孩子能力的唯一指标,而往往忽略了孩子学习兴趣的培养。他们采取一些简单化的做法,对于指导孩子的学习没有好处。

“快考试了，好好复习，争取双百(或双优，或达到××分)，考好了有奖励。如果考不好，你什么也甭想！”

“把成绩单给我拿出来……就考这成绩呀！我看你越来越没出息！”

“从明天开始，你不许玩了，给我好好念书，什么时候分数上去了，什么时候再玩！”

除此之外，还有正言厉色、连训带骂的，甚至还有拳脚相加的。那些一味看重孩子的学习分数的父母们觉得，好成绩才是硬道理！

虽然并不是有了兴趣就一定能取得好成绩，但是兴趣却是取得好成绩的保证，也是那些要求进步、要求上进的孩子最好的老师。只有让孩子对学习产生真正的兴趣，他才会聚精会神，才会孜孜不倦。

有一部名叫《美丽的长发》的电影，讲得就是关于孩子的学习教育的故事。

影片讲述了一个叫曾芮的初中孩子。她的父母都是教育工作者，对她期望很高，但是她的成绩却并不好，于是，父母便想花高价让她读重点高中。而曾芮喜欢上了美发，想上职业高中。她通过种种努力，经历很多波折终于如愿上了职高，学习自己感兴趣的美发技术。

影片中穿插了一个令人心痛的故事。曾芮的同学胡佳佳学习很好，父母管教很严，她没有朋友，没有爱好，在父母高度强权逼迫下学习。因为一次考试发烧，没有考好，她受不了这个打击，便从学校教学楼跳下自杀了。

花季少女仅仅为一次考试成绩便选择了离开人世，这与其父母一味看重学习分数有着密切的关系。

其实,不仅仅是父母,每个孩子也都想考高分。然而父母并不理解孩子,不关注孩子的学习过程是快乐还是痛苦,一味地看结果,把孩子的学习成绩看得太重,逼着孩子去争高分,结果只会给孩子带来许多不良的后果。

父母过于看重分数,会让孩子惧怕考试。有的孩子平时学习成绩很好,但一临近考试就紧张,担心考不好。越害怕越容易出错,也就越考不好。而父母并没有注意到这一点,一味地在考前给孩子施加压力,造成孩子心理上的恶性循环,从而影响了孩子的健康成长。

过于看重分数,还会损伤孩子的自尊心。每个孩子都有积极向上的愿望。即使学习差的孩子,内心深处也有考第一的愿望。而实际上,一些平时成绩相当不错的孩子,也不能保证每次都考高分。即使是平常学得很好的功课,如果发挥不佳或者因为某种因素,也可能会考得一塌糊涂。这时如果父母只关心孩子的考试成绩,不问青红皂白,对孩子大吼打骂,会使孩子感到委屈,自尊心受到伤害。长此以往,孩子便会自暴自弃,甚至厌学,逃学。

其实,考试只是检验孩子学习情况的一种手段,是一项比较单一的检测,这基本上是对孩子学到的书本知识的抽查。分数永远只是个形式和手段。它不能证明孩子真正学到了多少知识,也不能证明一个孩子的品格与才能如何,不是衡量孩子聪明与否的唯一标准。

父母看重孩子的分数,是因为他们认为孩子只有取得高分,才能考上重点初中,重点高中,乃至重点大学。

可是,并不是每个孩子都是成绩优秀的孩子,考大学,不是孩子的唯一出路。“条条大路通罗马”,父母不能把孩子硬栓在他不感兴趣的东西上。兴趣是学习的源泉，唯有做自己喜欢的事情，才会有极大的热情，才有无穷的潜力去创造。

著名歌手费翔年轻时考上了美国的斯坦福大学，学习医科。学了一年，发现自己最大的兴趣不在医学，而是表演艺术。他转而放弃医学，去学习艺术。结果在艺术道路上取得了辉煌的成绩。

可见兴趣对一个人的一生都有很大的影响。所以，父母要从一开始就要注意孩子的学习兴趣，而不是专注于孩子的学习成绩。

善于发现孩子的兴趣

能发现千里马的人是伯乐，能发现孩子兴趣的父母是称职的父母。

有一位教育家曾经说过，每个孩子都有其潜在的天赋和兴趣，如果再对其加以适当的培养，其教育才是有效的。

居里夫人对两个女儿的教育就是善于发现兴趣的成功范例。

在孩子刚学说话时，居里夫人就开始对两个女儿进行了探索性的发掘。女儿刚上小学，居里夫人便让她俩每天放学后在家里进行 1 小时智力活动，以便进一步发掘其天赋。当她们进入赛维尼埃中学后，居里夫人让女儿每天再补一节“特殊教育课”——在索尔本的实验室里，分别请老师教给她们化学、数学、文学和历史、雕塑和绘画、4 门外语和自然科学，而每星期四下午在巴黎市理化学校里，由居里夫人教女儿们物理学。

经过 2 年“特殊教育课”的观察鉴别后，她发现：大女儿伊雷娜性格文静、朴实、专注和自然，着迷于物理和化学，明确自己的使命是要当科学家并研究镭，这些正是科学家所具备的素质。

小女儿艾芙性格活跃、充满幻想、情绪多变，居里夫人先培养她学医，再引导她研究镭，又激励她从事自然科学，可她对科学不感兴趣，艾芙的天赋是文艺。

多年后，居里夫人的大女儿伊雷娜·居里因“新放射性元素的合成”荣获诺贝尔化学奖，而小女儿艾芙·居里也成为一位优秀的音乐教育家和人物传记作家。

倘若每一个做父母的都能像居里夫人那样，迅速及时发现孩子的兴趣，顺势引导，就能为孩子成才打开通道。很多人长大后之所以能够取得大的成就，和小时候的兴趣、爱好有密切的关系。

一些父母只知道让孩子好好学习，取得好成绩，将来能够考上重点中学、重点高中乃至重点大学，但在孩子学习的过程中却没有考虑到孩子的兴趣，不清楚孩子有哪方面的特长。这样常常会使孩子特有的兴趣慢慢消失，孩子的学习积极性降低，从而产生厌学情绪，学习成绩也逐渐下滑。

学习兴趣的培养才是孩子学习的原动力。然而，有的孩子似乎对什么都有兴趣；有的孩子对什么都没什么兴趣；也有的孩子开始喜欢这个，后来又喜欢那个……

孩子之所以会产生这样的现象，很大程度上在于学习任务的繁多，而父母焦躁的心态又常常催促孩子；另一个原因在于孩子太小，接触的事物太少，没有定性，所以，他们有时候也不知道自己对什么感兴趣。因此，孩子的兴趣需要父母去发现，并根据孩子的特长加以培养。

英国伟大的数学家、物理学家麦克斯韦在小的时候，有一天，他对着插满金菊的花瓶绘画,父母意外地发现,他画的竟是几何图形:花瓶是梯形,金菊是圆形,叶子是三角形。这显露出了他在数学上的兴趣与天赋,父母于是对他加以培养,以后终一举成名。

英国天才小指挥家亚历山大·普赖尔小时候,妈妈给他报了网球课,可老师说他是最糟糕的孩子,因为他会站在网球场上对着网球唱歌,妈妈于是发现了他的天赋是音乐。

童话大王郑渊洁是许多孩子喜欢的作者,曾经被评为“北京十佳青年”。他在读小学时,除语文成绩较好外,许多门功课成绩都不好,尤其是数学,常常不及格,但是他的家庭对他在语言和作文方面的能力很欣赏,很支持。最终他成为众多孩子喜欢的著名作家。

这些天才们在表现出某些方面的“无能”时,另一方面的潜能也在逐步显现。因此,作为父母要了解孩子,及时发现孩子的潜能,精心培养。

而对于孩子某些方面的无能和缺陷,要给予更多的宽容和理解。比如,一个孩子如果对音乐没有兴趣,父母硬逼着他弹钢琴,那么弹的曲子仅仅是为了应付父母的要求,孩子就不可能全身心地投入,也就不会有好的成绩。

人们常说:“兴趣是最好的老师。”一旦孩子对某种事物产生浓厚的兴趣,就会产生积极而强烈的渴望并以极大的热情投入。积极性和创造性因此而产生。

如何发现孩子的兴趣所在,是每个父母都关心的问题。那么,如何发现孩子的潜能和兴趣呢?父母可以从以下三个方面入手:

注意观察孩子的兴趣。很多孩子在生活中就常常表现出与众不同的地方。有的孩子有一双非常敏感的耳朵、强烈的乐感;有的孩子有丰富的肢体语言;有的孩子想象力非常丰富；还有的孩子好奇心强或是特别手巧……这些也许就是他的潜能所在，父母一定要留心观察，用不同的方法去唤醒孩子的潜能，并提供不同的条件来帮助孩子开发潜能。

注意孩子在某项活动中的探索精神。孩子对一项活动非常专注，并且会锲而不舍地探索，或者凡是有不明白的事总要问个明白。这个时候，父母可以感觉到孩子对此是感兴趣的。

让孩子参加多种多样的游戏。孩子是在游戏中长大的。而兴趣也是在各种游戏中培养和表现出来，并得以发展的。因此，当孩子的兴趣表现不够明显的时候，父母可以根据具体情况，为孩子选择项目，并有目的地和孩子做游戏，来开发孩子的智力，发现和培养孩子的兴趣和潜能。如果父母因势利导地去培养、强化这种兴趣，就可以使孩子在某些方面有所突破。

培养孩子的兴趣有妙招

素质教育专家认为：孩子的学习兴趣不仅与学校老师的教学方式和方法有关，还与孩子的家庭环境有直接的关系。老师教的只是解决了孩子“学”的问题，而家庭环境在很大程度上决定了孩子“做”的问题。因此，培养孩子的学习兴趣不仅在于学校，而且应有父母的密切配合。

蔡女士的女儿晓晴与同年级不同学校的表姐在一块做功课。功课做完后，蔡女士见时间还早，为调动她们俩的学习兴趣，便在习题集中摘抄了 10 道数学题，每题 10 分，让她们俩比赛看谁速度快，得分高。这样也便于她掌握孩子的数学情况。

两个孩子对这个比赛都很感兴趣。结果,晓晴比表姐提前三分钟交卷,但她有一道题的步骤对而结果错,因此她得 90 分,而表姐得了 100 分。蔡女士断定孩子是为求速度而造成了小错误,并没有责备她,反而表扬了她们俩。

按说比赛应该到此结束了,可是晓晴又来了兴趣,请求妈妈再出 10 道题进行比赛,表姐也不示弱。

蔡女士见状,当即就鼓励说:"你们做题对错不是至关重要的,重要的是你们这种不服输的精神。"于是又给她们俩出了 10 道题,结果两个人都得了 100 分。

蔡女士既让孩子学到了知识,又让孩子受到了教育,在学中得到了乐趣,是其他父母学习的榜样。

正是由于蔡女士对孩子们恰当地鼓励,才使得晓晴和表姐的学习乐在其中。那么,家庭中,父母培养孩子的兴趣,还有什么妙招呢?

要想培养孩子的学习兴趣,父母第一要学会多夸奖、多鼓励孩子。俗话说:"好孩子是夸出来的。"当孩子带着奖品或老师的夸奖回家的时候,父母就可以明显地发现,孩子是那么高兴,脸上的微笑是那么灿烂。父母心情好时,做什么都有劲,孩子当然也不会例外。

所以父母要多夸奖、多鼓励孩子,比如当孩子有了进步要夸奖,有了成绩要表扬"你真棒",有了不足或失败要鼓励"你下次能行"等,这样才使孩子的爱心、勇气、胆量、语言表达能力、学习热情和兴趣等得到充分地发挥。

第二,父母还可以带孩子到大自然、社会中去。父母可以经常有意识地引导孩子到大自然中观察日月星辰、山川河流。比如春天可带孩子去观察小树以及其他植物的生长情况；夏天带孩子去游泳、爬山；秋天带他们去观察树叶的变化；冬天可引导他们去观察人们衣着的变化，看雪花纷飞的景象。孩子通过参加各种活动开阔了眼界，丰富了感性认识，提高了学习兴趣。

父母最好还能指导他们参加一些实践活动，如让孩子自己收集各种种子、搞发芽的试验、栽种盆花；也可饲养些小动物。随着孩子年龄的增长，可以启发他们把看到的、听到的画出来，并鼓励他们阅读有关图书，学会提出问题，学会到书中找答案。这样，孩子的兴趣变广泛了，知识面扩大了，学习能力也在不知不觉中提高了。

第三，父母不要强制孩子的兴趣。孩子天生就有好动、好强、好胜、好奇等内在特点，他们有探究世界的强烈欲望，有多方面的兴趣。对于孩子的正当兴趣，父母要正确地加以引导，千万不要将自己的欲望强加于孩子，逼迫孩子去发展自己不喜欢的兴趣。比如有的父母自己对音乐感兴趣，就非要逼着自己的孩子去学钢琴，而孩子又不喜欢。

俄国教育家乌申斯基曾指出："没有丝毫兴趣的强制性学习，将会扼杀孩子探求真理的欲望。"强制的结果，不仅与父母的愿望相反，甚至会使孩子产生逆反心理，形成厌学情绪，不利于他们健康成长。

第四，父母可以给予孩子适当的奖励。每位父母采取的方法各不相同。有的父母给予金钱上的奖励，这个办法可用，但不可太过。因为太过了容易让孩子产生错觉，助长孩子不良的个人私欲。要让孩子明白，这份奖励是对他学习的奖励，应该尊重自己的劳动，这如同在学校里领到的奖学金一样，要珍惜。

有的父母让孩子实现一个愿望，如孩子想到某个地方旅游，父母在经济条件许可的情况下,可以允诺孩子在达到一个目标后就带他去。如果孩子达到了目标,而父母没有实现承诺,那么就会在孩子的心理上产生被骗的感觉。这不仅对孩子造成了重大的伤害,还将对孩子的教育产生长久的不利。不仅提高不了孩子学习的积极性,反而对孩子学习的积极性造成很大的挫伤。

最后,父母不要对孩子急于求成。俗话说:“欲速则不达。”不能强迫孩子学习,逼得太紧的话,孩子会变得焦虑、不耐烦,使他感到学习是件“苦差事”,潜意识中产生反抗的情绪,因此变得善忘,一下子就会把刚学过的全部遗忘。若父母再加以责骂、鞭打,就会大大打击孩子的学习情绪,乃至对整个学习生活失去兴趣,其后果不堪设想。轻者会影响孩子良好性格的形成,重者会发生出走、轻生等事件。

做父母的应当敏感地发现孩子的兴趣,从孩子本身的爱好出发,并按照孩子自身学习兴趣发展的规律,因势利导地加以培养。当孩子学习遇到困难、成绩不好时,想方设法给以鼓励、引导,提高其学习积极性,便可使孩子保持浓厚的学习兴趣。

小疑则小进,大疑则大进

今年刚刚八岁的王科就已经获得了少儿发明创造一等奖。原来,王科从小时候开始就对身边的很多东西感兴趣。他有着很强的好奇心,经常摆弄家里的玩具,有好多东西都被他弄坏了,但他的父母从来不因为这些而教训他,反而鼓励他不断地探索,有时候跟他一起拆卸玩具前,为他讲解那些东西的操作原理。

父亲的耐心指导加上王科强烈的好奇心，使他比同龄人学到了更多课堂上学不到的知识，而且他的动手能力也强于同龄孩子。

虽然只有八岁，他已经是一个小小发明家了，他还经常被一些电视台邀请上舞台，展示他的小发明。

好奇心是孩子学习兴趣的源泉。从心理学的角度讲，好奇心是人对自己不了解的事物感到新奇而有兴趣进行探究的一种心理倾向，它是推动人们主动求异，进行创造性思维的内部动因。更明确的说，我们做任何一件事情其实都是在好奇心的驱使下完成的。

好奇心是推动孩子获取新知识的主要动力。一位儿童心理专家曾说过，“好奇心、求知欲和善提问是创造性思维的引擎。”在儿童的心灵深处，都有一种根深蒂固的需要，就是希望自己是一个发现者、探究者和成功者。好奇、好问、好动，渴望通过自己动手来做一些事是孩子的天性。

好奇是孩子获取知识一扇最紧要的门，是探索科学知识的动力，是启迪孩子智慧的火花。古人云：“学贵有疑，小疑则小进，大疑则大进，不疑则不进。”近代教育家陶行知也说过：“发明千千万，起始在一问。”孩子好奇，他们必然对不懂的新事物产生怀疑，进而发问或从实践中去探索。

举世闻名的大发明家爱迪生小时候对什么都感兴趣。对自己不了解的事情总想试一试，弄个明白。有一次他看见花园的篱笆边有一个野蜂窝，感到很奇怪，就用棍子去拨，想看个究竟，结果脸被野蜂蜇得肿了起来，他还是不甘心，非看清楚蜂窝的构造才行。

几乎每一个科学家的成长都可以告诉我们，他们的一生是充满了对大自然奥秘好奇的一生，正是这种好奇心引导他们一步步攀登科学的高峰。科学家的好奇心是对新事物的敏感与探求。

有一个小女孩，偶然发现蚯蚓断成两半后，两半都在蠕动，感到特别好奇。

她把断了的蚯蚓分别搁进两个有土的花盆里，想观察一下断了的蚯蚓还能不能存活。

妈妈非常生气，说："一个女孩子，摆弄什么泥巴，没出息！"说完把有蚯蚓的两块泥巴扔出门去。

母亲的这么一骂，一扔，实际上就等于扔掉了她的求知欲。生活中常常有很多类似的父母，他们常常都不鼓励、甚至压抑孩子的好奇心。

比如，当孩子因为好奇而把家里的东西拆坏了的时候，很多父母就因此责骂孩子；当孩子跟着父母一块上街的时候，孩子可能会指东指西叫父母看，父母虽没有阻止，但通常会叫孩子不要看得太久；当孩子观察某个事物时，父母会加以阻挠"别浪费时间，去做作业"……

长此以往，孩子就会丧失对周围事物的兴趣，把自然界的事物都看成了习以为常的事情，对自然界没有任何疑问，这样的孩子长大了，思考问题的角度就会变得很狭窄，目光变得短浅，所有问题的答案对他而言只有一个标准。这对孩子的学习和成长是不利的。

因此，父母不仅不应该压抑孩子的好奇心、禁止孩子发问，反而要鼓励他们，小心呵护孩子的好奇心。

注意倾听孩子的话。倾听是对孩子好奇心的最好支持。孩子问问题的时候，父母不要用不理睬、厌烦甚至嘲笑的态度去对待。生活中，正是由于父母的态度使孩子感到沮丧，从而放弃了提问，孩子的好奇心也随着年龄的增长而渐渐消失。父母应该注意，当孩子问自己“为什么”的时候，切忌对他们说“你怎么这么烦!”“你没见我正忙着吗，一边玩去!”“你笨死了，这么简单的问题都不知道!”这些话会很严重地伤害孩子的自尊心。这个时候，父母应该做的是：放下手头的事情，弯下腰，目光注视孩子，用点头和微笑鼓励他，“这个问题很有意思。”“我们来讨论一下!”

不要简单地将结论告诉孩子。告诉孩子问题的答案，远不如让孩子自己思考“为什么”来得重要。例如，当孩子问“鸟儿晚上睡在哪里”时，你不必直接回答，你可以与孩子一起探讨鸟儿在晚上的可能去处；当孩子问“黄色和蓝色颜料混合后会变成什么颜色”，你不要简单地告知“会变成绿色”，你可以说：“是啊，那究竟会变成什么颜色呢?”以此来引导孩子去试验、去思考，让孩子自己去得出结论。同时你还可以通过一些开放式的问题，激发孩子对事物的好奇心与探索的欲望。

引导孩子观察事物的发展变化。孩子的好奇所指向的不是事物的表面现象，而是事物现象后面的规律和原理。而规律和原理一般不能用感觉直接感知，但可以由观察事物的发展变化而间接感知。因此，让孩子观察水怎样变成冰、冰怎样化为水、水怎样化作水蒸气；观察春天的花开花落；观察小草慢慢地长大等等，可以调动孩子的记忆信息，促使大脑思考，产生疑问，激起好奇心。

给孩子提供动脑、动手的机会。根据孩子模仿性强、爱动的特点，可以让他们利用手边的工具，充分运用各种感官，自己观察，自己动手操作，让孩子体验到一种自我成就感和乐趣。比如，让孩子自己制作简单的玩具，自己设计一种游戏等。孩子会对自己动脑筋想出来、自己动手做出来的东西，有一种偏爱和特殊的兴趣，因而，类似活动有利于激发起他们强烈的好奇心和求知欲，从而逐渐培养起学习兴趣。

给孩子自由思考的空间和时间，是呵护孩子好奇心的关键。父母如果经常给孩子下达一些强制性的作业任务，那么孩子会感到总是在一种有压力的环境之中，他们便会将思考问题看作是一种额外的负担。久而久之，他们的好奇心和学习的兴趣就会消失殆尽。

孩子对什么都感兴趣，有着强烈的探索精神。作为父母，一定要好好地引导孩子积极地探索。

对待孩子的“三分钟热度”

一位妈妈常常为自己的孩子担心：

“孩子学习一直还可以，就是干什么都是三分钟的热度，真让人着急。不知道什么时候起，他迷上了打羽毛球，还非得到场馆里打。过了一个月，他告诉我说不学羽毛球，改为乒乓球了。又过了一个月，改成桌球，哦，还有游泳。说起游泳最让我生气。他想学的时候是在去年冬天，于是在同事的推荐下，我带他去一个游泳馆学。大冬天那么冷，我每周两次带他坐公交车去学习，后来我拿到了驾照，就开车带他去，没想到学到最后只剩几堂课的时候，他却唠叨着说学够了，不想去了。我说不行，说什么这游泳也得坚持下去。否则，真是没一样能坚持下来了。他现在又对国际象棋有兴趣了，不知道下一步他还会想起什么来。我真是快没有主意了。”

大部分的孩子由于年龄和心智发展的局限,他们的兴趣和爱好常常变换。他们对于自己感兴趣的事情,总是“三分钟热度”,不能坚持下来,让父母不知所措。而父母都希望孩子能够多才多艺,不但学习要优秀,文艺、体育、美术等方面也要有一技之长。

因此,父母常常看到孩子对某事情感兴趣,就给孩子创造条件,比如给孩子买音乐器材学音乐,给孩子报美术班学绘画等。可是,没过多久,孩子又不肯继续学了。这样,就常常造成白白浪费了钱财,孩子什么也没有学到的结果。

孩子之所以对事情只保持“三分钟热度”,有部分的原因在于孩子的好胜心很强。兴趣不专一的孩子大多争强好胜。当他们看到别的孩子在某方面取得成绩的时候,就会产生从众和攀比心理,以此作为自己的兴趣,希望自己能够在这个兴趣上取得比别的孩子更好的成绩。出于这种心理而产生的兴趣往往没有牢固的基础,在学习的过程中一旦遇到困难,就失去了斗志,失去了学下去的兴趣。

还有的孩子是因为他们不能正确地估价自己。认为自己很厉害,什么都能做,而且都能够做得好。但是,真正让他去做的时候,他又不能够专心地去做,总觉得去做另外一件事情会比做这件事情更容易,或更有意思。于是,孩子三天一个想法,今天想学画画,明天想学游泳,到最后,什么都会一点儿,但是什么都是“半瓶子醋”,哪样也拿不出手。

“三分钟热度”的孩子并不表示无法进行兴趣班学习,如果父母能正确引导,再加上心理调整,孩子就会用心专一,对事情真正感兴趣,有目的、有秩序地把想要学的东西学扎实。

首先,引导孩子正确评估自己。在对待孩子的兴趣方面,父母要引导孩子正确认识自己,对自己有个正确的评估,然后让孩子从自身情况出发,做自己能做,又喜欢做的事情。

比如,孩子本来五音不全,非要去学唱歌。父母就要善于开导孩子,五音不全是天生的,没有办法改变的,即使你付出很大的努力,最后也不会唱得很好,从而让孩子打消学唱歌的念头,改学别的感兴趣的东西。

其次,教孩子学会不骄不躁。孩子不能把兴趣坚持到底很大程度上在于孩子心浮气躁。父母要教导孩子,对自己感兴趣的事情上要保持热情,但同时要建立健康的心态,做到不骄不躁。

在具体的操作上,父母可以引导孩子去学习自己喜欢的事情,但是在每个学习阶段,都要给自己定好一个学习的目标。这个目标要以孩子有能力做到为准。一旦孩子做到了,父母就要对孩子的努力加以肯定,使孩子建立起自信来。这样一步一个脚印,不急于求成,让孩子稳步上进。当孩子在某件事情上取得了成绩,他就会对这件事更感兴趣。

再次,不要干扰孩子的正常活动。有些孩子做事“三分钟热度”,不能善始善终,原因在于父母出于关心,不分时间、场合经常打断孩子正在做的事。

比如,有个孩子正在画画,妈妈在旁边不时地问他“要不要喝水”;奶奶走过去说“吃个苹果吧”;爸爸自己喝饮料,也问问孩子是否也来点冰镇果汁。孩子在画画的过程中,不断被打断,开始时他只是抱怨“你们真烦”,后来他干脆不愿画了。

父母常常为孩子做事没毅力而苦恼,孰不知自己也有责任。孩子思维活动也需要有连续性，经常受到干扰和打断，心就静不下来，长此以往，他自然对什么事情都没有兴趣和热情了。

最后，父母还要教导孩子，做人要低调，不要这山望着那山高，那样的结果就是一事无成。在具体操作上，父母可以针对孩子的能力和水平，拟定出孩子有能力做到的兴趣学习计划，不张扬，不攀比，静下心来做自己喜欢做的事情。那样，孩子解除了思想包袱，做事情就会专一起来。

训练孩子的专注力。有些孩子做任何事情一开始都充满兴趣，但没多久就喜新厌旧了，这说明他们的专注力不强。父母可以通过一系列的训练来帮助孩子纠正。训练可从以下几个方面进行：

视觉训练：拿出一些相似的图片，让孩子从中找出不一样的地方，锻炼孩子的眼力，以培养孩子的注意力。

听觉训练：给孩子讲故事，事先说好，故事讲完之后要提出问题让他回答，如果能够在讲故事之前就把要问他的问题提前告诉他，效果会更好。

动作训练：即通过让孩子完成特定的动作来达到训练注意力的目的。比如，教他做一些体操动作、舞蹈动作或一些游戏动作，都能达到这种效果。

混合型训练：实际上就是把眼睛看、耳朵听和动作结合起来，既训练了视觉和听觉，又训练了动作。这种训练难度大，可以边说边示范给孩子看，让孩子跟着做，比如说出一种行动，让孩子表演出来等。孩子从小注意力强了，他的专注力也会同步得到增强。

帮助孩子解决对学习上"三分钟热度"的问题，是保证孩子成功的前提。父母要善于根据孩子的年龄和性格特征，采取有针对性的方法进行引导，让孩子养成持之以恒的习惯。

将孩子的兴趣转为特长

兴趣并不等同于特长。兴趣与特长是一个人的两个方面，一般被看作是预见事业能否成功的两个大的心理特征。

兴趣是最基本的情感因素，是一个人对某项事物的最基本的喜好表现，是一种休闲消遣方式。要想事情做得好，关键是兴趣带来的激情和积极的思想、行动，以及过程中努力克服种种挫折；而特长则是一个人擅长于某项事物，在自己所擅长的专业领域内去发展，往往可以比较快地获得成功，它可以作为一个人的生存方式，也是竞争的资本。

张晓是个性格开朗、活泼的孩子，在他4岁时，家里就根据他的喜好选择了钢琴、舞蹈、游泳和美术特长班，直到初中，他已经在全国各地举行的舞蹈表演中多次获奖，他学习的其他特长班成绩也都不错，在学校的文化课成绩也很好。

他的父母非常高兴。在很多父母都为孩子的将来堪忧时，张晓的父母从来不担心自己孩子的未来。他们知道，孩子只要有一样拿得出手，就不愁没有未来，何况现在他们的孩子有好几样拿得出手的特长呢！

一个人在自己感兴趣的方面努力，往往可以事半功倍。父母想让孩子获得成功，可以将孩子某方面的兴趣加以发挥，使其转化为特长。当然，并不是孩子的所有兴趣都能够发展为特长。这需要父母正确地引导。那么，父母应该怎样帮助孩子将兴趣转化为特长呢？

第一，父母要学会尊重孩子的兴趣和爱好。有些父母由于小时候受条件限制，有些愿望没能得到实现，所以在教育孩子时，往往希望在孩子身上实现自己未遂的心愿。但是，孩子也是独立的个体，他们也有自己的兴趣和爱好。

因此，父母不要把自己的喜好强加到孩子身上，而应该观察孩子的兴趣爱好，看看孩子平时都喜欢做什么，然后慢慢地开导和支持孩子的爱好。有可能的话，尽量给他们一些空间和时间去做他们想做的事情。我们在做自己喜欢的事情时不喜欢被别人打断或阻止，孩子也一样。

第二，父母要善于发现孩子的优点，正确引导。有的父母看到别人的孩子学什么，自己孩子就跟着学什么，不考虑这件事情是否符合自己孩子的特性。这样做的结果，往往会适得其反。很多父母拿自己孩子的弱项和别人的孩子的强项来对比，比来比去，就认为孩子确实不如别人，从而对孩子产生失望、抱怨的情绪，使孩子幼小的心灵受到伤害。

有一位父亲说，“我家的孩子就不如人家的孩子，看人家孩子都报了课外辅导班，我就和孩子他妈商量着报了朗诵、英语还有声乐。一开始孩子还能按时上课，后来他就经常找理由不去上英语课。到现在，以前报的班一个也没坚持下来，反而还学会旷课，偷着跑去游泳。钱是白花了，我真是拿他没办法，人家的孩子怎么就那么有出息呢？”

要发展孩子的特长，就需要善于发现孩子的优点，以此为起点，更容易找到适合他的特长。

第三，父母还可以有目的性地培养孩子的特长。有些特长对孩子的先天条件要求不高，可以改善和提高孩子的素质教育，比如美术、舞蹈、主持、表演等等。

在孩子学习的过程中，给予正确的指导，会得到更好的效果。有些父母很想让性格内向的孩子变得开朗、活泼，那就可以选择朗诵或表演等特长学习。有些孩子比较胖又挑食，就可以选择游泳、跆拳道来提高运动和反应能力。让孩子学习舞蹈，能提升他们的形体气质。

第四，满足孩子特长学习的成就感。让孩子保持良好的学习热情，最好的方法就是给他们满足感。这种成就满足并非给孩子施加学习压力，让孩子频繁地参加各种比赛，而是通过有目的的日常家庭或小圈子的比较，让孩子特长学习的成效得到有效的体现，以满足他们的成就感，从而激活和保持孩子的特长学习热情。

心理学家研究表明，希望自己的学习成就得到表现和承认不仅限于我们成年人，幼年的孩子天性里也具有一种强烈的成就满足与表现需求。有效利用这种成就满足需求，对于激发和保持孩子的特长学习兴趣是非常有效的。

在孩子教育实践中，有的父母经常会组织一些家庭成员和正在进行特长学习的孩子进行特长项目比赛，有意识地在此类才艺比赛的过程中凸现孩子才艺特长的优势，满足孩子特长学习带来的成就感。长此以往，孩子的学习兴趣就会得到有效地激活。

比如，对于学围棋的孩子，父母可以经常与其对弈，在并不轻松的状态下让孩子经常获得比赛的胜利，鼓励孩子通过不断努力提升与不同家庭成员对弈的水平，让孩子逐步体会到学棋所带来的成就感，从而有效激发并保持孩子学棋的兴趣与积极性。

让孩子在玩耍中学习

玩是孩子的天性。对于孩子来说，玩耍是生活的重要组成部分。作为父母，应当鼓励孩子玩耍。只有让孩子快乐地玩耍，才能让孩子在多玩多看中扩大眼界，增长阅历，吸收广泛信息。因为孩子在玩耍中很可能对某些事物产生兴趣，而这种兴趣能够带领孩子更好地学习与成长。

19 世纪，德国有一位普通的烧砖工，他的儿子非常调皮，喜欢玩耍，但是烧砖工从来不严厉地管束儿子，或不让他玩。而是鼓励儿子玩，当儿子发现父亲的工地上很好玩时，父亲还夸赞儿子很有玩的头脑。于是父亲带着儿子到砖窑厂去玩。

在那里，孩子在泥土中嬉戏。他在观察父亲堆砌砖瓦的劳动中，很自然地发现了形的概念和数的概念的关系，并由此对数学产生浓厚的兴趣。

从此，这个孩子痴迷数学，整日整夜在数学世界里畅游。19 岁那年，这个孩子发明了“十七等分圆周法”;20 岁那年，他创作了《数形奥秘》、《排列组合》等论文;30 岁那年他独创了“解析几何”的理论体系，并在德国格丁根大学担任数学教授。这位烧砖工的儿子名叫高斯，他是 19 世纪伟大的数学家。

当《莱茵报》记者采访高斯的时候，高斯说:“数学并不是神秘的东西，它来源于实际生活，又服务于实际生活。如果我的父亲不鼓励我玩，不带我到砖窑厂玩耍，那我不可能与数学结缘，也就没有今天的成就。”

高斯的成长过程给了父母们许多启迪。如果孩子没有玩耍的机会，就不太容易发现自己的兴趣。生活中,有些父母常常害怕孩子输在起跑线上,而强迫孩子不停地学习,认为玩耍会耽误孩子宝贵的学习时间。

比如,有的父母下班回到家里看到刚刚玩了一小会儿的孩子,就会说:“就知道玩,不知道学习。”接着就是:“赶紧做作业去!”如果孩子说“功课做完了”或者“今天没留作业”时,父母马上会说:“你不会好好看看书啊!”或者“你不会复习复习啊!”“你再做点补充练习去!”

总之,孩子玩得越起劲,父母们越是担忧。有的父母甚至说:“必须把孩子的时间都占领,叫他根本没有玩儿的时间!”

每一位父母对孩子的出发点都是好的。但是,父母也应该清楚地认识到,玩耍和学习之间并非是对立的,不是学习好就不可以玩耍,玩耍了就一定学不好。只有科学地安排学习与玩耍,对孩子的学习和成长才更有利。实际上,玩耍是一种特殊的教育过程,也是学习的方式之一。忽视或者阻止孩子玩耍的做法,对孩子的教育的损失是很大的。

由于孩子玩耍的种类很多,内容广泛,形式多样,这就要求孩子“会玩”。这时,就必须依靠父母的指导,父母应该成为孩子“玩”的支持者、帮助者、保护者和游戏的伙伴。以下帮助孩子学会玩耍的方法,值得父母们借鉴:

帮助孩子认清玩耍与学习的关系。该学习的时候,就要认真地学习,该玩的时候,就要开心地玩。让孩子自己订个学习计划和时间表。如果因为玩耍而影响了学习,孩子应该对自己有惩罚的措施,父母积极配合,不能含糊。年龄小的孩子不会订计划,可能订得很满,父母要指导他修订,留有余地。

给孩子创造良好的玩耍环境。父母要从物质和心理两方面来为孩子提供玩耍的环境。物质环境包括提供一些玩耍的设备，应具备以下特点：活动材料具有挑战性，能引起孩子探究的兴趣；随着孩子的兴趣和需求不断地扩展、增加和更换设备等等。心理方面就是提供一个轻松自由的气氛，给孩子一个良好的心理环境，这样能够激发孩子游戏的兴趣。

有意识地引导孩子玩耍。孩子的玩耍是身心发展过程中的一种“本能”，父母们应有意识地引导他们进行无意识的玩耍，多让孩子们听音乐、学习画画、听讲故事、模仿动物叫、学唱歌等。通过这些活动，孩子的大脑活动量得到增加，思维能力、想象力得到提高，大脑功能也会得到进一步开发。

和孩子一起发明新的玩法。当父母们有空陪孩子玩耍的时候，不要局限于以往的玩法，要和孩子一起创新玩法。最主要的是要激励孩子积极思考，敢于打破常规的玩法。比如，把椅子当船，把扫把当浆，和孩子一起感受划船的欢乐。

教孩子学会与人合作。让孩子在玩耍中建立团队合作意识。你可以给孩子定下一些规矩：比如，让孩子记住自己的游戏角色，建立合作共事意识，不单打独斗。当与其他孩子发生矛盾时，引导孩子多从自己的身上找原因，而不是对他人求全责备。即使是玩游戏，也要有责任感。作为父母，不要动辄训斥甚至教训孩子及其玩伴，而应该从积极的方面引导孩子们正确处理彼此间的矛盾。

小测试：孩子的兴趣在哪里？

哲学家尼采曾说过：“想知道你自己是怎样的人，只要看一看你自己喜欢什么。”但遗憾的是很多父母都不知道自己的孩子究竟爱好什么，喜欢什么，对什么感兴趣。

如果孩子真的想不出自己有哪些兴趣爱好,请看下面关于兴趣点的自我测定法。也许它会帮助孩子发现自己的兴趣爱好。让孩子仔细的阅读下面的问题,在符合自己情况后的括号内打勾。

1. 阅读《中学生科技》、《科学画报》等科普读物。

非常喜欢(　　)比较喜欢(　　)一般(　　)不喜欢(　　)很不喜欢(　　)

2. 看《少男少女》一类的杂志。

非常喜欢(　　)比较喜欢(　　)一般(　　)不喜欢(　　)很不喜欢(　　)

3. 阅读文艺评论文章。

非常喜欢(　　)比较喜欢(　　)一般(　　)不喜欢(　　)很不喜欢(　　)

4. 理解各地的自然景观和各地人民的风俗和习惯。

非常喜欢(　　)比较喜欢(　　)一般(　　)不喜欢(　　)很不喜欢(　　)

5. 与同学一起参加排球、足球或是篮球运动。

非常喜欢(　　)比较喜欢(　　)一般(　　)不喜欢(　　)很不喜欢(　　)

6. 自己制作小手工艺品、展览品和参观艺术展览会。

非常喜欢(　　)比较喜欢(　　)一般(　　)不喜欢(　　)很不喜欢(　　)

7. 课余时间尝试搞一些小发明创造。

非常喜欢(　　)比较喜欢(　　)一般(　　)不喜欢(　　)很不喜欢(　　)

8. 参加流行歌手和影视明星的歌迷影迷见面会或个人演唱会,为自己喜欢的歌星捧场。

非常喜欢(　　)比较喜欢(　　)一般(　　)不喜欢(　　)很不喜欢(　　)

9. 观看各类体育运动的电视节目。

非常喜欢(　　)比较喜欢(　　)一般(　　)不喜欢(　　)很不喜欢(　　)

10. 尝试着写点小作品或编辑班级报刊。

非常喜欢(　　)比较喜欢(　　)一般(　　)不喜欢(　　)很不喜欢(　　)

11. 观看关于自然的电视节目,如:动物世界、奇趣大自然等类似的节目。

非常喜欢(　　)比较喜欢(　　)一般(　　)不喜欢(　　)很不喜欢(　　)

12. 观看科普影片和科普类电视节目,如:科技博览节目等。

非常喜欢(　　)比较喜欢(　　)一般(　　)不喜欢(　　)很不喜欢(　　)

13. 参加学校和班级的各类文艺类表演。

非常喜欢(　　)比较喜欢(　　)一般(　　)不喜欢(　　)很不喜欢(　　)

14. 上网聊天。

非常喜欢(　　)比较喜欢(　　)一般(　　)不喜欢(　　)很不喜欢(　　)

15. 喜欢加入学校或是校外的文学组织,如:写作小组等。

非常喜欢(　　)比较喜欢(　　)一般(　　)不喜欢(　　)很不喜欢(　　)

16. 参加一些课外的科技小组。

非常喜欢(　　)比较喜欢(　　)一般(　　)不喜欢(　　)很不喜欢(　　)

17. 喜欢游览名山大川并考察当地的风土人情。

非常喜欢(　　)比较喜欢(　　)一般(　　)不喜欢(　　)很不喜欢(　　)

18. 练习一种或几种乐器。

非常喜欢(　　)比较喜欢(　　)一般(　　)不喜欢(　　)很不喜欢(　　)

19. 和朋友们去歌舞厅跳舞、唱歌。

非常喜欢(　　)比较喜欢(　　)一般(　　)不喜欢(　　)很不喜欢(　　)

20. 参加关于中学生科技活动的讲座和老师、同学讨论。

非常喜欢(　　)比较喜欢(　　)一般(　　)不喜欢(　　)很不喜欢(　　)

21. 听音乐会和参加美术展。

非常喜欢(　　)比较喜欢(　　)一般(　　)不喜欢(　　)很不喜欢(　　)

22. 天天坚持体育锻炼。

非常喜欢(　　)比较喜欢(　　)一般(　　)不喜欢(　　)很不喜欢(　　)

23. 看地图,了解江河湖泊的分布。

非常喜欢(　　)比较喜欢(　　)一般(　　)不喜欢(　　)很不喜欢(　　)

24. 阅读中外文学作品。

非常喜欢(　　)比较喜欢(　　)一般(　　)不喜欢(　　)很不喜欢(　　)

25. 观看各种艺术演出,如:话剧、歌剧等。

非常喜欢(　　)比较喜欢(　　)一般(　　)不喜欢(　　)很不喜欢(　　)

26. 参加各种级别的运动比赛,如:班级运动会等。

非常喜欢(　　)比较喜欢(　　)一般(　　)不喜欢(　　)很不喜欢(　　)

27. 了解大自然的奥秘。

非常喜欢(　　)比较喜欢(　　)一般(　　)不喜欢(　　)很不喜欢(　　)

28. 尝试写各种题裁的文艺作品。

非常喜欢(　　)比较喜欢(　　)一般(　　)不喜欢(　　)很不喜欢(　　)

29. 喜欢看言情小说或是武侠小说。

非常喜欢（　　）比较喜欢（　　）一般（　　）不喜欢（　　）很不喜欢（　　）

30. 参加学校的运动队并坚持训练。

非常喜欢（　　）比较喜欢（　　）一般（　　）不喜欢（　　）很不喜欢（　　）

上面的空格填好后请计算最终的得分情况，如果选“非常喜欢”，记5分；“比较喜欢”，记4分；“一般”，记3分；“不喜欢”，记2分；“很不喜欢”，记1分。各题都相同。

其中1、7、12、16、20题为科学技术类爱好；2、8、14、19、29题为通俗类爱好；3、10、15、24、28题为文学类爱好；4、11、17、23、27题为自然爱好；5、9、22、26、30题为体育运动爱好；6、13、、18、21、28题为文艺类爱好。看看这几个方面的得分哪个方面最高，那么很可能孩子的兴趣爱好就偏向于哪个方面。

第5章　提高孩子的学习能力

学习任何知识的最佳途径是由自己去发现，因为这种发现理解最深、也最容易掌握其中的规律、性质和联系。

——波利亚

（美籍匈牙利数学家）

教孩子学会独立思考

一位母亲去参加朋友聚会,朋友们大多数都带去了自己的孩子,父母在一起聊天的时候,这位母亲就对一群孩子说:“你们随便玩吧。”使她感到很吃惊的是,孩子们都站在那儿不动。其实这些孩子不是不想玩。只是因为平时和父母一起活动的时候,这次玩什么,下次玩什么,玩的内容和顺序全部由父母决定了。这样一来,孩子只是在玩,在动。而这次这个母亲却跟他们说“自己随便玩吧”,结果在孩子的脑海中,一时间竟想不出如何玩耍才好。

孩子之所以会出现这种状况,就是因为在平时生活中,父母已经帮助他们决定了自己玩的内容,而不需要他们自己去想。同样的,在孩子的学习问题上,很多父母常常习惯于给孩子指路,事事替孩子包办,这样就剥夺了孩子独立思考的权利。

正在读初一的刘霞在家里做英语作业,发现最后一道英语题不会做,急忙喊:“妈妈,快来帮我的忙,这道题我不会做了!”妈妈听见后,走到女儿面前,拿起题看了一下,然后告诉女儿应该如何答题。刘霞按照妈妈所说的写完了作业,高兴地与伙伴玩去了。

这样的事情几乎天天发生,刘霞遇到不会的问题就寻求妈妈的帮助已经成了一种习惯。慢慢地,妈妈发现这种习惯非常不好,比如,昨天才给女儿讲的类似的题目,今天她又问应该如何解答,很显然,昨天跟她讲解的时候,她根本就没有认真思考过。不通过思考做的习题,当然记不住。

有一次，刘霞又叫妈妈帮她答题，妈妈让刘霞先思考一下，她却直接说："我懒得想，你还是把答案告诉我吧。"妈妈后悔自己没有从最初就教孩子学会独立思考。

在我们的生活中，不少孩子在上课时懒得思考，只等着老师讲解现成的答案，自己抄现成的结论；看书时，不善于发现问题，即使发现了问题，也不愿意经过自己的独立思考去解决，而喜欢依赖别人的帮助；做作业时，遇到困难就求助于同学，甚至抄同学的作业。这种缺乏独立思考的学习态度，使他们陷入被动学习的状态，对学习能力的提高很不利。

很多父母，由于自己忙于手头上的事情，没有多余的时间给孩子解题，或是没有意识到让孩子自己独立思考的意义，当孩子遇到学习上的难题，也像上例中刘霞的妈妈那样直接告诉孩子答案。久而久之，孩子就习惯了依赖父母，而不懂得自己思考问题，更不知道如何解决问题。

独立思考的能力在孩子的学习中占据着十分重要的位置。如果孩子拥有独立思考的能力，就会善于发现问题，能够通过思考、分析找到答案，取得好的学习成绩。这样的孩子长大后，因为有独立思考的习惯和能力，他的视角会比别人宽广，思维也会更加缜密；那些不会独立思考问题的孩子，长大后，没有创新精神，只会人云亦云，不会有什么大的作为。

也可以说，具有独立思考能力的人，将比其他人有更多的机遇，更容易拥有成功的生活和事业。

因此，每个父母都要尽早培养孩子独立思考的能力。那么，应当怎样培养孩子从小独立思考的能力呢？可以借鉴以下建议：

给孩子营造一个思考的氛围。在家庭中,营造思考的氛围,对孩子形成独特的个性,表现有创新意识的思维、举动非常重要。父母不能因为孩子小或以为孩子不懂事、需要父母照顾等而把他看成是父母的附属品。要知道孩子也是一个完整的、独立的个体,应该允许他们有自己的世界、自己的空间。

呵护孩子的好奇心。独立思考能力强的孩子,往往具有较强的好奇心,父母应努力开掘和保护孩子的好奇心。千万不要因为孩子的提问过于荒诞而对他嘲笑或批评,以免伤害孩子的自尊心。孩子出于好奇拆弄玩坏了玩具、钟表,父母不应予以惩罚和打骂,而应该引导孩子弄清楚这些器具的机械原理,想方设法创造条件满足孩子的好奇心。如父母可以为孩子买一些工具、零件,让孩子搞一些小发明、小制作。这样,孩子不仅学到了新知识,也学到了如何获得知识的方法。

给孩子提出自己想法的机会。父母在与孩子相处与交谈过程中,要经常以商量的口吻进行讨论式的协商,留给孩子自己思考的余地,给孩子提出自己想法的机会。父母可根据交谈内容经常发问,如:“他们之间有什么关系?”“你觉得怎么做会更好些?”“你的想法有根据吗?”等问题。用以引发孩子的思考。

在孩子表达自己想法的时候,不要粗暴地打断孩子。父母在与孩子的谈话过程中,要注意听孩子的讲话,不要中途打断他。无论孩子的观点正确与否,无论自己是否同意孩子的观点,父母都一定要让孩子把话说完。孩子只要能充分阐述,就有助于提高他的独立思考能力。鼓励孩子多提问题,当孩子提问时,父母要持欢迎、鼓励的态度,给予孩子耐心的回答。有条件的话,可以引导孩子观察各类事物,尽力扩大孩子的视野,边观察边回答孩子的问题,并不断启发孩子提出新的问题。这样,随着孩子提的问题越来越多,他的思考就会越来越全面,独立思考的能力也会越来越强。

让孩子思维不再“死板”

很多父母都有这样的困惑:为什么孩子在课堂上能听懂老师的讲解,可是一到自己做题就做不出来?为什么孩子对以前练习过的题一般能做出来,可是一遇到同类型,但没有见过的题就做不出来?为什么孩子对学习内容的理解总是一知半解,不能深入到对规律与本质的认识?孩子只能跟在老师的后面简单模仿,如何才能让孩子掌握举一反三的主动学习能力?孩子分析问题时总是突破不了条条框框,如何才能让孩子的思维灵活起来?

要解答这些为什么,父母需要首先去了解孩子的“思维”。思维,就是通常说的“思考”、“想”、“动脑筋”,是人的大脑对客观事物的认识过程。人们对客观事物的认识分为两个阶段——感性认识阶段和理性认识阶段。比如,我们认识一个人,先是从知道他的姓名、长相,听他说话,看他做事开始的,以后逐渐对他了解越来越多,直到认识他的性格特点,他的精神境界。这就经历了感性认识和理性认识两个阶段。使我们完成这个认识过程的核心因素就是思维。在感性认识阶段,人们也要“想”,但那是初步的。只有对客观事物获得了大量的感性材料时,人们才能通过分析、综合,认识到事物的本质特征。所以,思维主要表现在理性认识阶段。

思维力,就是一个人进行思维的能力。思维水平的高低,反映一个人的智力活动水平高低。

常常听到有的父母抱怨自己的孩子太死板，只知道拘泥于老师的要求，一点也不肯“越雷池”。其实，孩子的这种“死板”是多种方面的原因造成的，但更多的是思维习惯的问题。

孩子已经习惯于在老师圈定的内容、范围内思考问题，以至于不能超越老师的讲授范畴。人的思维能力主要是在用脑的过程中形成和发展的。孩子一旦养成这种带有惰性的思维习惯，将不利于他们的学习和成长。

思维能力是人的一种精神活动能力，对开拓孩子的智慧极为重要。父母可以从以下几个方面来培养孩子的思维能力：

启发孩子进行积极思维。人的脑子越用越聪明。发展孩子的思维能力，就是要使孩子更加聪明，会动脑筋，能适应新情况，解决新问题。为了达到这个要求，父母必须善于启发孩子积极思维，可以给孩子提出任务，并精心设计、创造条件，使他们不要依赖别人，而是靠自己动脑筋思考，尽自己最大的努力运用已有的感性知识独立地解决问题。也就是说，孩子自己想得到的，做得到的，可以让他们自己去想，去做，父母千万不要包办代替。

积极营造动脑筋的氛围。要想提高孩子的思维能力，既要重视学习过程，也要在功课以外想些办法。动脑筋的故事和资料很多，有的是真人真事，有的是寓言故事，有的是科普性读物。父母可以有意识地购买这类书籍，整理好放在书柜的一角，外出游玩随身带一本或是在床头摆一本。有时间就跟孩子一起翻阅这些资料，互相讨论感兴趣的问题，还可以按照书中介绍进行实践操作。这会激发孩子阅读此类书籍的兴趣，培养孩子边阅读边思考的习惯。

提高孩子的观察能力。经常鼓励孩子去观察，提高孩子的感知和观察力。

人的思维活动不是凭空产生的，而是在积累大量感知资料的基础上加工而成的。因此，让孩子多认识、多思考、多体会，这样可扩大孩子的印象范围，使之容易形成对事物正确的概括，以发展思维能力。

引导孩子参加讨论。父母设计解决问题的思路，让孩子参与解决问题的过程。父母应引导孩子并与孩子一起共同讨论、设计解决问题的方案，并付诸实施。这个过程需要分析、归纳、推理，需要设想解决问题的方法与程序，这对于提高孩子的思维能力和解决问题的能力大有帮助。

用语言表达出思维过程。做任何事，不但要知其然，还要知其所以然。让孩子用自己的话表达出思维过程，有助于培养孩子思维的条理性、逻辑性。比如，摘抄好词佳句，要能说出这些词句好在哪里；解析习题，要能口头阐述解题过程、方法以及依据。只有这样，才能进一步激活孩子头脑中的认知结构，达到强化思维能力的目的。

训练孩子无限的创造力

创造力是孩子智慧的源泉，是促进孩子其他各项潜能发展的原动力。拥有良好创造力的孩子，往往可以“活学活用”，“举一反三”，顺利轻松地学习知识。

教育专家指出，智力部分来源于先天的遗传基因，但创造力则可以靠后天的训练加以激发。孩子的创造力是无限的，只要父母肯花些时间，有耐心地去引导与激发，他们的能力就可以发挥到意想不到的境界。

有的父母或许认为，我的孩子不是具有创造能力的人，他产生不出什么有价值的东西来,“创造”是一些科学家、发明家的事。其实,这是父母们的一种盲性认识。他们把创造能力看得太神秘,太高不可攀了。对于孩子来说,虽然他们并不能创造出什么“震撼世界的东西”,但他们却蕴藏着巨大的创造潜能,只不过是他潜在的创造力还没有被开发利用起来罢了。

陶行知先生说过:“处处都是创造之地,天天是创造之时,人人是创造之人。”当孩子画出一幅标新立异的图画来,那是他创造力发挥的表现;当孩子把手电筒、遥控器、玩具大卸八块弄得乱七八糟时,那也是他创造欲望的表现;当孩子说出一句新颖的词语、唱出一首自编自创的歌曲时,那都是他创造力的表现。

在与孩子的朝夕相处中,细心的父母就不难发现,孩子随时都有创造的潜在能力,关键是父母如何引导和培养孩子的创造力。

第一,父母要保护孩子探索创造的积极性。探索知识奥秘的动力是他的好奇心。好奇心愈强想象力愈丰富,创造性就愈高。孩子对许多事情都感到好奇,凡事都想弄个明白。手电筒为何发光?不倒翁为什么推不倒?孩子想要弄明白,会把手电筒和不倒翁拆开,父母千万不能指责、制止。孩子平时捶这打那,全是好奇心所致。所以父母要允许他们创造性地尝试。一些父母为了保护玩具,不许孩子任意摆弄,更不许孩子随意拆卸。殊不知,父母们这种做法是本末倒置的,保护了玩具,却损害了孩子探索和创造的积极性。

有个母亲,因孩子把她刚刚买回家的一块金表当成新鲜玩具拆卸弄坏了,就狠狠地揍了孩子一顿,并把这件事告诉了孩子的老师。老师幽默地说:“恐怕一个中国的‘爱迪生’因此而消失了。”接着,这位老师进一步分析说:“孩子的这种行为是创造力的表现,您不该打孩子,要解放孩子的双手,让他从小有动手的机会……”

“那我现在该怎么办呢?”这位母亲听了老师的话,觉得很有道理,感到有些后悔。

“补救的办法还是有的,”老师接着说道,“你可以和孩子一起把金表送到钟表铺,让孩子站在一旁看修表匠如何修理,这样,修表铺就成了课堂,修表匠成了先生,你的孩子就成了学生,修表费成了学费,孩子的好奇心就可以得到满足了。”

这个故事发生在半个世纪以前,故事中的那位老师,就是我国著名教育家陶行知先生。陶行知先生是一个非常崇尚创造精神的人,在他一生的教育生涯中,特别重视对孩子创造性的培养。他的教育思想中的一个极其可贵的观点,就是他的创造教育观。他提倡“教学做合一”,以做为中心、为目的,而且倡导“做的最高境界就是创造”。

第二,父母要积极引导孩子进行探究。当有人问大科学家爱因斯坦为什么会有那么多创造时,他说:“我没有什么特别的才能,只不过喜欢刨根问底罢了。”积极探究是创新意识的先导,所以父母要保护孩子的探索欲望,积极引导、支持孩子的探究行为,以孩子的探究行为为起点,萌发他们的创新意识,培养他们的创新能力。

由于孩子的自身特点,他们的探究行为常有明显的兴趣性,甚至表现为某种破坏性。除了一些让人感到好笑的行为外,孩子们还经常为了弄明白钟表会走、收音机里有人说话等问题,而大胆地拆卸,摆弄所有的零件。

面对孩子类似的探究行为,父母不能简单地训斥,而要了解他们这样做的原因,并为他们提供充分的条件以实现他们的探究活动,满足他们强烈的探究愿望。

第三,尽可能避免给孩子做示范。示范是父母在教孩子时常用的方法,可是对于创造力而言却是不利的。因为示范动作看在孩子的眼里往往成为一个标准动作,成为孩子模仿的范本。虽然模仿是孩子学习的一个主要途径,但模仿的学习缺少独立思考,因而往往会在不知不觉中左右孩子的思考模式,而埋没了创造力的发挥。而且成人所做的示范大多是个人本身的一种习惯,是面对某问题时所运用的惯例,在习惯成自然的情况下,一些新的主意和想法就被排除在外,妨碍了创造潜能的发展。

第四,带孩子走进大自然。美丽的大自然给人类增添了丰富多彩的生活,同时,它也是诱发孩子智力开发的外部刺激。这种画境式的环境刺激对孩子的智力开发具有很强的推动作用,有助于培养孩子的观察力、想象力与探索兴趣。因此,父母应经常带孩子走进大自然,引导孩子观察花鸟虫鱼,了解动、植物的生长与变化,欣赏大自然的美景,探索大自然的奥秘,这些都是培养孩子创新意识的基础。

最后,鼓励孩子做力所能及的事,许多父母娇惯和溺爱孩子,怕孩子添乱,而不鼓励他们去做一些力所能及的事,这对孩子创造力的发展是不利的。当孩子遇到困难时,要鼓励和启发他想办法克服和解决,但不能替孩子去完成。

总之,遵循孩子身心发展的客观规律,保护和培养孩子好问、好动的天性,掌握科学的家庭教育方法,培养孩子的创新精神和创新能力,是现代家庭教育的重要历史使命,每一位父母都要承担这一责任,用耐心浇灌明天的花朵。

想象力是创造力的基础

有个七岁的孩子看见年迈的奶奶每次拖完地板总会捶背喊累，他就对奶奶说："我长大了要造一种拖把，上面有五六个按钮。奶奶只要按一个按钮就能自动拖地，再按另外的按钮又能自动洗拖把，再按一个按钮又能自动绞干……"

这是一种大胆的设想，也是孩子的一种创造性思维活动。在人的智力活动中，想象占有非常重要的地位。俄国教育家乌申斯基说："强烈的活跃的想象是伟大智慧不可缺少的属性。"

著名物理学家爱因斯坦创立"相对论"，就是采取所谓"思想实验法"，在充分发挥想象力的基础上，经过严格的逻辑思维和严密的数学推导而成的。因而，有一位物理学家赞叹爱因斯坦的成就时说："作为一个物理学家，他的成就和名声，在很大程度上应归功于想象力给他的鼓励。"而爱因斯坦自己则说："想象力比知识更重要，因为知识是有限的，而想象力概括着世界的一切，推动着进步，并且是知识进化的源泉。"

孩子在学习各门课程中都要借助想象力。没有想象力，很难理解教材中的图形、图画，对教材中用描述方法表现的具体事物也很难知道它的具体样子，写作文干巴巴的，不会有形象生动的描写。想象力，还直接关系着一个孩子创造力的发展。

一个美术教师来到昆明进行教学交流，她发现孩子们的画技非常高，布置的各项练习都画得栩栩如生。有一次，她出了一个"快乐的节日"的命题让孩子去画。结果,她发现很多孩子都在画一个同样的事物——圣诞树!

她觉得很奇怪:怎么大家都在画圣诞树?经过仔细的观察,她发现教室后面的黑板上画着一棵圣诞树。孩子们正在一笔一划地照着描。于是,教师把墙上的圣诞树覆盖起来,要求孩子们根据自己的想象力,自己创作一幅画来表现这个主题。

没想到,这可令那些画技超群的孩子为了难。他们抓头挠腮、冥思苦想、痛苦万状,就是无从下笔。最后,她只好又把墙上的圣诞树露了出来,这才使那些孩子完成了任务。

千篇一律的圣诞树应该引起父母们的深思!孩子之所以对同一个命题画同样的画,就在于平时的教育中,命题被制订了统一的答案,孩子的想象力被抹杀。

任何一个孩子都是极具想象力的天才。孩子们天马行空、稀奇古怪的想法其实正是可贵的想象力的火花。所以鲁迅说过:"孩子是令人敬佩的,他常想到星月以上的境界,想到地面下的情形,想到花卉的用处,想到昆虫的语言;他想飞到天空,他想潜入蚁穴。"

然而,无数充满奇思妙想的孩子长大后都成了思想贫乏单调的成年人,这里要怪责的,自然不是孩子,而是教育他们的人。

一天,老师在课堂上出了一条谜语,要孩子们回家后猜谜底。这条谜语是一首诗:解落三秋叶,能开二月花。过江千尺浪,入竹万竿斜。

有一个孩子回家后,拿出谜语问妈妈。妈妈对孩子耐心地启发:想一想,树上的叶子是怎么掉到地上来的?

孩子说:"爬上树摘。"妈妈摇头。

“用剪子剪。”妈妈叹气。

“使劲摇。”妈妈脸若冰霜。

孩子这时已经不敢再说出新的答案了，好半天，才带着哭腔说：“秋天来了，树叶自己会掉的。”

妈妈愤怒地指责：“没有风，树叶自己会掉吗？你真笨，谜底就是风啊。”孩子号啕大哭。

单纯面对“树上的叶子是怎么掉到地上来的”这样一个问题，只要结果能够使树叶落下来，什么办法都不能算错。“爬上树摘”、“用剪刀剪”，孩子的这些答案看似很幼稚，但这只是以成人的视角来看待，为什么只有“风吹掉落叶”才被认为是唯一正确的答案呢？即使真要科学、严密，首先这个谜语就很不严密，因为认为风是叶落的根本原因本来就是不科学的。

但是父母却常常对孩子这样丰富多彩的想象力熟视无睹，反而错误地加以斥责。天长日久，孩子就会依赖于这样的“标准”，不会再去开动脑筋思考问题，就更没有想象力可言了。父母只有善于保护和重视培养孩子的想象力，才能促使孩子更好地学习和发展。

世界著名作家歌德小时候，他母亲常给他讲故事。但他母亲讲故事的方法比较独特，总是在讲到中途的时候停下来，留给小歌德一个想象的空间，让他自己发挥想象，继续说下去，这就很好地激发和保护了歌德的想象力。歌德后来成为了举世闻名的大作家，这与他的想象力是分不开的。

日本著名育儿专家主张：对孩子的教育要顺乎天性，崇尚自然，尊重孩子的想象，无论他是怎样怪癖离奇，本质上却是在尊重孩子的自由幻想的权利。这是对孩子创造天性的最大保护。那么,如何保护孩子的天性,激活和培养孩子的想象力?

增加孩子的知识和经验。创造需要原材料,没有相应的表象储备,有关的新形象是创造不出来的。因此,作为父母,应让孩子从小尽可能地接触自然、接触社会、接触人世间的万事万物,以使孩子对尽可能多的事物产生基本的认识,在未来的想象活动中,使孩子拥有更多的事物形象参与思维过程。

充分利用多种文学艺术。讲故事、猜谜语是激发孩子想象力的主要途径。充满想象的童话和神话故事最能引起孩子的遐想。所以,父母在为孩子选择读物的时候,要有目的地去选择能够激活孩子想象力的文学作品。当然,父母还可以采用续编故事、排图讲述等形式来激发、提高孩子的想象力。

另外,音乐和美术活动也是发展孩子想象力的有效途径,它们可提供孩子一些具有丰富想象力的素材,让孩子根据音乐编动作,通过语言表现对音乐的理解,让孩子画意愿画、主题画、填充画、涂物画,鼓励孩子自己想,自己画,大胆想象,大胆去试,别出心裁。

引导孩子扩大语言文字的积累。想象以形象为主,但离不开语言材料,特别是需要用口头语言或书面语言将想象的内容表述出来时,语言材料起着重要作用。因此,父母要让孩子扩大语言文字的积累。比如,让孩子备一个摘抄本,把阅读中遇到的名句、名段摘抄下来,平时可拿来翻阅。

鼓励孩子多进行实践活动。想象是人脑对已有表象进行加工改造而形成新形象的过程。所以,让孩子独立思考的同时,提供他们亲历亲为的机会就显得弥足珍贵。让他们勤看、勤听、勤动手也很重要。比如鼓励他们多看课外书、多接触大自然、多拆装一些物品、多搞点小实验等等，都可以增加表象的积累，有利于增添想象的乐趣。

改善和提高孩子的记忆力

一天，正在读六年级的晓霞放学回到家就跟妈妈说“惨了，惨了！”

妈妈莫名其妙，忙问：“晓霞，怎么了？”

晓霞说：“今天老师讲了一个故事，然后叫同学们一个个地讲，轮到我的时候，不知道为什么，我竟然一句话都讲不出来了。”

妈妈说：“是因为你太紧张了吗？”晓霞说：“不是。妈妈，我一点都不紧张，但我的记性很差，这可怎么办啊？”女儿着急地都要哭了。

妈妈听了，想起前段时间有一次背古诗，女儿也背不出来。

看着女儿那么伤心的样子，妈妈也为晓霞担心起来。孩子的记忆力不好，在周围人中是“出了名”的。从小她的记性不是很好，丢三落四。有一次，外婆当着她的面说她的记性不好，后来有几个亲戚知道她有这个缺点，也当着她的面说她老忘事，在这样的心理暗示下，晓霞对自己的的记忆力越来越没有信心了。

有些孩子在学习中虽然比较努力，但是记忆力差，学过的东西很快就会忘记。就像上述事例中晓霞一样，刚刚讲过的东西转眼就忘记。

其实，记忆力的好坏不完全是天生的，是可以训练和提高的。父母要注意保持孩子的自信心，有的父母常骂孩子：“你什么都记不住，一点记性也没有，对你说了也白说”等话，是很伤孩子自尊心的。还有的父母经常当着孩子的面教训孩子记忆力不好，时间久了，次数多了，孩子就对自己的记忆能力产生怀疑。父母要了解孩子记忆的不足之处，记不牢或记不正确的原因，耐心帮助孩子，要多给予鼓励。

记忆的大敌是遗忘。提高记忆力，实质就是尽量避免和克服遗忘。在学习中只要进行有意识的锻炼，掌握记忆的规律和方法，就能改善和提高记忆力。

第一，要教会孩子科学地复习。有句谚语说得好："复习是记忆之母。"重复学习有助于巩固所记忆的东西。但是重复学习是有讲究的，心理学的研究表明，已经记住的东西遗忘有先快后慢的特点，因此，复习也要针对遗忘的种种特点来进行。一般说来，刚学过的要多复习，以后的次数可以逐渐减少，间隔时间可以逐渐加长。对于低年级孩子来说，间隔时间以一天为好；对于准备考试的孩子来说，要在平时多熟悉教材，经常复习，不要"平时不烧香，急时抱佛脚"。

在让孩子复习时，父母要对他的复习效果予以检查。让孩子对所学的重要知识进行背诵，有助于提高孩子的记忆效果和对记忆的自信心。

在复习时，父母要帮孩子找出他最佳的记忆时间。一般地，把要记忆的内容分在几个时段来记忆比集中记忆复习的效果要好。另外，早晨复习和在晚上睡觉前复习要因人而异。有人认为，早晨起床后学习最为有效，因为这时头脑最清醒。有的人睡觉前的记忆效果最好，因为学习后立即入睡，没有什么干扰，可以减少遗忘。每个人的最佳复习时间并不一样，父母要让孩子找出自己最佳的复习时间，提高学习效果。当然，在孩子学习和复习时，要排除干扰，集中注意力。

第二，在理解的基础上去记忆。对所要掌握的知识先理解了再记忆，这种理解不仅指看懂了知识，而且也包括明白了知识各个部分之间的逻辑联系，以及这个知识和以前的知识之间的关系。

德国著名的心理学家艾宾浩斯在做记忆的实验中发现：为了记住 12 个无意义音节，平均需要重复 5 次；为了记住 36 个无意义音节，需重复 54 次；而记忆六首诗中的 480 个音节，平均只需要重复 8 次！这个实验告诉我们：凡是理解了的知识，就能记得迅速、全面而牢固。不然，死记硬背，只会费力不讨好。

理解记忆的全面性、牢固性、精确性及迅速有效性，依赖于孩子对知识理解的程度。理解记忆的效果优于机械记忆。因此，父母要让孩子养成"先理解、后记忆"的习惯，而不要从一开始就逐字逐句地死记硬背。

第三，增强记忆的趣味性。孩子总是对自己有兴趣的东西眉飞色舞地讲出来，表现出很强的记忆力。那么，怎样才能激发孩子对记忆的兴趣呢？

要让孩子在心情舒畅时记忆。一般来说，记忆时静心安神、精神放松，对增强记忆力是大有好处的。而且，心绪好对记忆的保持也是有益的。父母不要在责骂孩子后让他去记忆东西，这时的记忆效果肯定不会好。孩子不愿意记忆时，不要强迫孩子，而要想办法诱导他，让他高高兴兴地去学习。

将记忆的内容加以改造，使之有趣。比如，父母可以和孩子一起把要记忆的内容编成故事。因为故事一般都有情节，有趣味，生动形象，所以容易记住。另外，父母还可以运用打比方、联想的办法去增强记忆的趣味性，提高记忆效果。

第四，运用多种感官去记忆。现代科学研究表明，人从视觉获得的知识，能够记住 25%，从听觉获得的知识能够记住 15%，若把视觉与听觉结合起来，能够记住 65%。多种感官协同合作，来接受和处理信息，用这种方法来学习语文、外语等课程，其效果最为显著。

上课记笔记也具有这种作用。记笔记并不是要孩子把老师说的每句话都记下来。写字比听话慢，如果逐字逐句去记，不但记不下，而且还会影响听讲，达不到记笔记的目的。正确的做法是，以听懂为第一，边听边积极地思考，总结出老师讲课内容的要点，记下几个关键的字或句子。

第五，扩大孩子的生活经历。有生活经历才有记忆，有的孩子年龄很小，却因为“见多识广”，能记住和讲述很多见闻。父母从小给孩子提供丰富多彩的生活环境，让孩子听音乐，带孩子去公园、动物园、商店，和孩子一起做游戏等等，这些都会在他们的耳濡目染中留下深刻印象，在较长时间内保持记忆力。这些印象在遇到新的事物时也会引起联想，更容易记住新的东西。

除此之外，饮食和睡眠对孩子的记忆力也会有一定的影响。合理饮食对于提高记忆力有不小的功效。如牛奶、鸡蛋、脂肪含量高的鱼类、花生、小米、黄花菜、辣椒、菠萝、橘子等都有助于提高记忆力。还有通过多咀嚼也可增强记忆力，因为咀嚼动作加快了心脏的运动，增加心脏向头部供应的血液量，从而促进大脑活动，能够有效提高孩子的思维能力。

心情愉快会使孩子兴奋，乐意用心去记，充分调动了主观能动性。而良好的睡眠让大脑得以充分休息，自我修复，因此也有助于记忆力的提高。

唤回孩子良好的注意力

保持良好的注意力，是大脑进行感知、记忆、思维等认识活动的基本条件。在孩子的学习过程中，注意力是打开孩子心灵的门户，而且是唯一的门户。门开得越大,孩子学到的东西就越多。而一旦注意力涣散或无法集中,心灵的门户就关闭了,一切有用的知识信息都无法进入。正因为如此,法国生物学家乔治·居维叶说:“天才,首先是注意力。”

法国大作家巴尔扎克一次写作时有一位朋友来访,他很长时间也没有发现。中午仆人送来饭菜,客人以为是给自己送的,就把饭菜吃了,后来客人发现巴尔扎克还是那么忙,就走了。

天黑了,巴尔扎克觉得该吃午饭了,就来端碗端盘。看到饭菜已被吃光,他责备自己“真是个饭桶,吃完还要吃!”他写作太投入,以至于不知道究竟发生了什么。

事实证明,专心可以集中精力,调动整个大脑神经系统来解决问题,高效率地完成任务;分心就会降低学习效率,甚至对本来可以弄懂的问题感到迷茫。

在正常情况下,注意力使孩子的心理活动朝向某一事物,有选择地接受某些信息,而抑制其他活动和其他信息,并集中全部的心理能量用于所指向的事物。因而,良好的注意力能提高孩子的学习效率。

有很多孩子对许多事情都有兴趣,但往往很难专注于某一件事情上,比如说,有的孩子总是一边看电视,一边听音乐,一边做功课,这样,学习不够专心,注意力容易转移,很难达到很好的效果。

要想提高孩子的学习成绩,培养和开发他们的智力,就要注意培养和训练他们的注意力,养成专心致志的习惯,以下事项需要注意:

给孩子创造良好的家庭学习环境。孩子能够保持良好的注意力,不但要主动训练,周围的环境也是非常重要的。比如,在孩子的书桌上,最好只放书本等相应的学习用品，不要摆放玩具、食品，更不能有电视机、电话等声音干扰。父母要尽可能不在孩子学习时进进出出，大声干扰。此外，室内的光线也是一个容易被忽视的环节，光线柔和适度有助于孩子集中注意力。

提高孩子的学习兴趣。做自己感兴趣的事情时，谁都会投入、专心。在生活中你常常会看到一些孩子按父母的要求做某些事的时候，总是应付式或心不在焉，而在做他感兴趣的事情时，却能全神贯注、认真专心。对孩子来说，他的注意力在一定程度上直接受其兴趣和情绪的控制。

父母在教育孩子的时候，也要能勾起孩子的兴趣。比如，孩子接触的书本知识很多，你跟他说的那些东西都是他屡见不鲜、耳熟能详的东西，那么，你说的时候，他就会不由自主地东张西望，做小动作。

大声读书有利于训练注意力。每天安排一个时间（10～20 分钟）让孩子选择他们喜欢的小文章大声为父母朗读，这是一种训练注意力的好方法，是一个使孩子口、眼、脑相互协调的过程。要求孩子在读书的过程中，尽量不读错、不读丢、不读断。他的注意力必须高度集中，把这种训练一直坚持下去，孩子的注意力能逐步增强，理解能力也会增强。

孩子学习的速度和难度要适中。在每一个年龄段，孩子接受的新知识都有一定的量。当要求孩子的学习速度太快时，孩子肯定会囫囵吞枣。如果速度太慢，孩子的思维就容易懈怠，从而养成开小差、走神的不良习惯。与此同时，如果孩子学习的内容太难，他们无法真正理解透，学起来就没什么兴趣可言，开小差也就在所难免。当然，如果孩子学习的内容太简单，孩子就会感到索然无味，同样也会注意力不集中。

规定孩子完成学习的时间。培养孩子的时间紧迫感，慢慢地让孩子形成学习规律。有了明确的任务，孩子学习时就有了动力，才能保持紧张状态。比如，你可以这样对孩子说：你可以不着急，但你必须在8点钟之前完成作业。当然，要求孩子学习时，时间不能太长，也不能要求孩子长时间做同一件事。因为这些都是导致孩子注意力不集中的因素。

在游戏中训练孩子的注意力。游戏能够引发孩子的兴趣，在娱乐中培养孩子的专注力具有潜移默化的效果。父母可以有意识地让孩子做些集中注意力的游戏，比如玩拼图、搭积木、练书法等，使孩子在浓厚的兴趣中，养成专注的习惯。教孩子玩棋类游戏，要求孩子冷静、有耐性、注意力高度集中。还有单腿站立、走平衡木等也是训练耐性的运动游戏。在进行这类游戏时，要先让孩子自己定一个目标，然后为达到这个目标而努力。在努力的过程中，孩子会高度集中自己的注意力。此外，孩子在玩游戏时常会全身心地投入进去，在其聚精会神时父母千万不要随意打扰，因为此时不断地干扰孩子，不仅会使孩子玩得不开心，而且不利于他养成做事专心致志的习惯。

保证孩子的睡眠和体育锻炼。孩子正是长身体的时候，他们的身体不可能像父母那样进行长时间的学习。如果孩子长时间地坐在书桌前学习，全身的血液不能够得到充分的循环，延缓新陈代谢，就会使大脑呈现出缺氧状态。长期下去，不仅会影响孩子的发育，还会使孩子出现萎靡不振、脾气暴躁等现象，同时孩子的注意力也会产生迷乱的状态。所以，一定要保证孩子每天九个小时的睡眠时间和一个小时的体育锻炼时间，这样才能保证他们的精神状态充满活力，使他们在繁重的学习中能够不被击垮。

理解力帮孩子“消化”知识

通常而言,知识的获得一般来自两个方面。一方面通过亲身实践获得大量感性知识,然后通过思考上升为理性知识,这些构成了个人知识的一小部分来源;另一方面则是直接把人类在长期实践中积累起来的知识继承过来,把社会的知识转化为个人的知识,这是孩子知识的主要来源或大部分来源。

古时,有位秀才出了一张招生告示,报酬方面则写成:“无米面也可无鸡鸭也可无鱼肉也可无银钱也可”。开学以后,秀才只收有钱人家的学费,穷人的则分文不收。原来,穷人来读书,秀才就这样读:“无米面也可,无鸡鸭也可,无鱼肉也可,无银钱也可。”有钱人来读书,则改成:“无米,面也可;无鸡,鸭也可;无鱼,肉也可;无银,钱也可。”

另有一位潦倒书生,到友人家中做客。刚巧连日下大雨,书生在友人家住上好几天。其友人想赶他走,就写了一张字条:“下雨天留客天留我不留。”字条本意指:“下雨天留客,天留我不留。”书生看后,脑筋一转,在字条上加工了一下,使之变成:“下雨天,留客天,留我不? 留。”其友人见状,便无可奈何地让书生继续住下去。

理解能力是一个人应该具备的基本能力,是孩子学习文化知识的基础,所有的新知识、新技能都需要靠理解能力来“消化”。例如,阅读一篇文章,必须理解字句的含义,理解文章的内容,否则就谈不上理解。学习一门科学,必须理解其概念、定理、原理、定义、定律等等,否则学习就是一句空话。

这里的理解不同于了解。了解是对知识的初步认识,充其量只知道“是什么”。而理解是对知识的本质的掌握,不但要知道“是什么”,而且要知道“为什么”。理解是比了解更高层次的认识,而了解又往往先于理解而存在。例如,能说出或写出某一个公式、定理,属于了解;而真正懂得这个公式、定理的含义,明白其由来,找出其因果联系,掌握其发生作用的范围及特殊方式,则属于理解。

理解能力的提高涉及很多方面的因素,主要由以下几方面决定:

让孩子学会去认真读书。古人云:“书读百遍,其义自见”,“好书不厌百回读,熟读深思理自知”。阅读大量的书籍可以使孩子在人生观、世界观、知识面、感知力、求知欲、思考能力、表达能力的形成及处理问题的方式等方面,都表现出明显的优势。现实生活中,许多成绩优异的孩子,都有大量的阅读经历,有着丰富的课余爱好。人生短暂,不可能事事都去亲身体验,书中的间接经验,将有效地补充个人经历的不足,增添生活的感受,增强孩子的理解能力。因此,父母要让孩子养成经常阅读的好习惯。

让孩子把已经掌握的知识与需要理解的知识联系起来。这也是一种提高理解能力的有效方法。比如,理解某部电影中的特务的本质,我们可以从以往孩子对特务的理解出发,帮助孩子逐步懂得:面貌丑陋、头戴鸭舌帽的或相貌端庄、谈吐文雅的人都可能是特务,也可能不是特务,其本质不在外表,而在是不是仇恨人民。这样,就能使孩子对特务的本质加深理解。

教孩子学会巧妙地提出设疑。让孩子在读书的基础上,要多问几个为什么,以此调动思维的积极性,能够更好地理解书本。这对提高理解力有着重要的作用。比如,一个孩子在学习数学这门功课里关于“圆的认识”的时候,他就想到了生活中各种规格、各种款式的自行车和汽车。车轮为什么都做成圆的呢?假如做成方形或椭圆形的,行吗?通过这样的设疑,孩子的好奇心理和急于求果心理迫使他们主动参与到探索的过程中,这样就有效地激发了孩子学习的兴趣。

教孩子透过现象抓住本质。还是以上边“圆”为例。有的孩子只举出了几个圆的例子,却说不出什么叫“圆”。这就说明这些孩子还没有理解,还停留在表面现象的认识阶段。而有的孩子不但能举出实例,而且能正确说出圆的定义和特点,这样的孩子才能说对“圆”有了深刻的理解。抓住知识内部的本质联系,就是要深入地理解知识,明白知识的来龙去脉,是什么,为什么,怎样运用等等。

教导孩子积累知识经验,同时进行思维训练。一般地说,理解力是与知识经验的积累成正比的。知识水平越高,理解能力也就越强。因为知识经验之间有着相互影响、相互制约的关系。例如,有的孩子重理轻文或重文轻理。结果既学不好文也学不好理,只有文理渗透,才能相得益彰。理解能力的提高离不开思维活动。积极的思维、勤学善问和理解能力的提高有着必然的联系。此外,理解能力的提高还和记忆、观察、注意等智力因素有着密切的联系。

开发孩子的多项思维能力

前面的文章中我们讲到,思维力是人的智力的核心因素。一个人智力水平的高低,主要通过思维能力反映出来。每位父母都应该对思维能力有正确的认识，并且在培养孩子过程中自觉地采取措施，让孩子变得更聪明。下面介绍几种思维方法：

1. 抽象思维能力。

抽象思维是人们在认识活动中运用概念、判断、推理等思维形式，对客观现实进行间接的、概括的反映的过程。

对于上学的孩子来说，学习成为全天中的主要活动，学习中遇到的问题远比入学前游戏中的问题更抽象。因此孩子必须大力、快速地发展抽象逻辑思维能力，才能适应学习的需要。当然，反过来看，各科学习也恰好是发展孩子抽象逻辑思维能力的主要途径。

曾经有一个荷兰的磨眼镜片的工人里波斯，无意中透过两块镜片来看各种物体的时候，发现远处的东西好像就在眼前，于是他发明了世界上第一个望远镜。可是，他缺少知识基础，更缺乏抽象思维能力，不会从这两个镜片的偶然组合中找出所隐含着的普遍规律。当伽利略得知这一消息之后，凭着他的渊博知识和高度的抽象思维能力，很快就研制了放大 32 倍的望远镜，并用来做天文观察，证实了行星绕太阳运转的哥白尼日心说，当时在全世界引起了强烈的反响。

特别是进入初中阶段之后的孩子，抽象逻辑思维能力已经成为了一种重要的思维方式。在这个时期，这一能力的水平如何，常常影响着学习水平的高低，成为学习能力高低的一个重要标志。父母可以用猜谜语、智力测验、趣味比赛等形式帮助孩子提高抽象思维能力。

2. 多向思维能力。

多向思维表现为思维不受点、线、面的限制，不局限于一种模式，既可以从尽可能多的方面去思考同一个问题,也可以从同一思维起点出发,让思路呈辐射状,形成诸多系列。它最直接的效果是能避免思路的闭塞、单一和枯竭。

有这样一道智力题:晚上,一个房间里点燃了五支蜡烛,吹灭了一支,问第二天早上还剩几支蜡烛?孩子们稍许思考,便会很快答出"一支",即被吹灭的那支蜡烛。孩子确实没答错,多数父母对孩子这样的回答往往也不会有什么疑义。而事实上,此类智力题简单想起来"标准答案"都只有一个,但经过多向思维,就知道可能有许多正确的答案。

可见,这里存在着一个父母是不是重视孩子思维能力训练的问题。

美国著名儿童文学家、作家劳拉在其自传体小说中叙述了这样一件事:

一天,父亲给我们姐弟俩讲笑话。他说:"有一个人养了一只大猫和一只小猫,为此他在门上为大猫凿了一个大洞,为小猫凿了一个小洞……"我的姐姐打断父母的话说:"小猫可以从大洞进去呀!"我却说:"因为大猫不让小猫走大洞,所以要凿两个洞。"父亲夸奖我们谁都比那个养猫人聪明。

劳拉父母的赞扬是很有道理的,其对劳拉的肯定实际上是对孩子进行多向思维的训练。这就给我们启示:许多问题,我们不应该仅满足于为孩子提供一个标准答案,或是满足于孩子答案的标准。答案并不重要,重要的是使孩子有兴趣去寻求答案。因为标准答案有时并非只有一个。还以上面的智力题为例,答案"一支"当然是正确的。但设想一下:如果燃着的四支蜡烛在夜里有一支被风吹灭呢?如果四支当中有一支较大,因而到了第二天早上仍在燃烧呢?如果……那么答案显然就不只是"一支"了。

上述的"如果"都是不违反题目条件的,答案便自然都是正确的。问题的关键是可以通过这一个个"如果",训练孩子多向思维,拓宽孩子思考问题的空间。

3. 发散性思维能力。

发散性思维是为了达到某一确定的目标而尽可能多地设想出所有的可能性来进行讨论的思维过程。在发散思维过程中,人们总是尽量获得尽可能多、尽可能新颖而独特的设想。当然这种设想还只是一种可能性,设想是否正确还要通过验证。比如:孩子在做练习的时候,父母可以帮助孩子绞尽脑汁地找出多种解题方法。

作为补充或娱乐,父母可以在家庭中开展一些相应的发散思维的简单尝试,但千万不要舍本求末,孩子还未形成一般的思维模式,就强硬地追求发散思维和怪异思维,这对于孩子的学习、成才是不利的。

发散思维重在开阔孩子的想象空间,培养思考问题多角度、多层次的意识。但是,孩子年龄不同,要求也应该不一样。

4. 逆向思维能力。

逆向思维也叫求异思维,它是对司空见惯的似乎已成定论的事物或观点反过来思考的一种思维方式。敢于"反其道而思之",让思维向对立面的方向发展,从问题的相反面深入地进行探索,树立新思想,创立新形象。当大家都朝着一个固定的思维方向思考问题时,而你却独自朝相反的方向思索,这样的思维方式就叫逆向思维。

人们习惯于沿着事物发展的正方向去思考问题并寻求解决办法。其实,对于某些问题,尤其是一些特殊问题,从结论往回推,倒过来思考,从求解回到已知条件,反过去想或许会使问题简单化,使解决它变得轻而易举,甚至因此而有所发现，创造出惊天动地的奇迹来。

比如，听完《龟兔赛跑》的寓言，孩子可能会说："乌龟真笨，本来就跑不快，还要和兔子赛跑。"如果这时父母说："瞎说，是兔子太骄傲，所以乌龟先到了终点，所以你要记住好好听父母讲故事。"孩子对于父母讲的故事可能就会失去兴趣了。

如果父母说："好孩子，你说得有道理，兔子因为一时大意才被乌龟落下了，如果它没有睡过头，乌龟怎么也赶不上它。所以，不能希望人家睡过头，才去赢人家。"这样孩子对你以后的故事肯定也是兴致勃勃，问个不停。

生活中，孩子很多创造性思维往往被父母用"幼稚"、"可笑"、"荒唐"等词语压制了、忽略了、扭曲了。所以，培养孩子的创造性思维，首先要父母转变观念，转变自己的思维方式，鼓励训练孩子的多项思维能力。

小游戏：考验思维的益智问答

1. 童童认爸爸。

有一个叫童童的小孩，已经3岁了，他的爸爸是个军人，在远方的部队执行任务，童童从小就没有见过爸爸。

有一天，他妈妈把他叫到跟前说："孩子，在你满月时，你爸爸随部队执行任务去了。刚才接到电报，说一会儿爸爸就到家。你马上就能见到你爸爸了。只是你没见过爸爸，连他的照片都没见过，还不知他什么样。"

正说着，从外面进来3个解放军战士。"唉呀！爸爸回来了！"小孩一下就抱着爸爸的腿,爸爸高兴地抱起他。妈妈也高兴地笑了!

童童从没有见过爸爸的人和照片,3 名解放军战士进来,他为什么没有认错呢?

2. 如何过桥。

一个农民带着一只黄鼠狼、一只鸡和一袋米走亲戚。要经过一个独木桥,每次经过只能带一样东西过去,但要避免他们互相蚕食,有什么方法吗?

3. 机智的长工。

从前有位长工,给财主干活时扭伤了腰,不能再做繁重的农活,狠心的财主想把他踢出门外,但又要显示出自己的"仁义"心肠,便挖空心思,想出了一条诡计。

一天,财主把长工叫到屋里。财主坐在暖烘烘的火盆边,吸着铜烟管,对衣着单薄的长工说:"眼下田里没有活可干,但又不忍心辞退你,真难啦。"

长工见财主说话转弯抹角,不知他葫芦里卖的什么药,便硬梆梆地说:"有话就直说吧。"

"没法子啊,"财主假惺惺地叹息一声,然后指指桌上的一个瓷盘说:"里面装有两个纸团。一个写着'去'字,一个写着'留'字,你随手抽一个。但愿菩萨保佑你留在我家养伤,我好对你尽点心意。"长工想,这财主狼心狗肺,两个纸团肯定都是"去"字。于是,他灵机一动,想出了一个巧妙办法,挫败了财主的阴谋。他想的什么办法呢?

4. 哪边重。

天平的一只盘子上放着盛满清水的水桶。另一只盘子上放了一只一模一样的水桶,也同样盛满清水,只是水上浮着一块木块。试问:天平的哪一边要向下落呢?

有些人说有木块的那一边一定向下落,因为“桶里除水之外还多了一块木块”。另外一些人却提出相反的意见,认为应该是没有木块的那一边落下去,因为“水比木块更重”。

你说呢,究竟应是哪一边重?

5. 多年前的一张照片。

一个朋友到一位谜语专家家里做客,专家指着家里照相簿里的一张照片对朋友说:“我没有兄弟和姐妹,但是这个男人的父亲是我父亲的儿子。你知道他是谁吗?”

“那还不容易。”朋友说,“他就是你的儿子。这是个19世纪的古老谜语,人人皆知。”

“好聪明!那么这张照片上的人又是谁呢?他是我父亲唯一的侄女的唯一的姑母的唯一的兄弟的唯一的儿子。”

朋友想了几分钟。“他一定就是你。我明白了,这是许多年前拍摄的一张照片。”

“喂,看一看这张照片上的女孩子。她挺可爱的,不是吗?她是我姑表妹的母亲的兄弟的唯一的孙子的舅舅的唯一的堂兄弟的父亲的唯一的侄女。”

这下子可把这位朋友难住了。这个女孩到底是谁呢?

答案:1. 因为除爸爸外,那两位是女战士,所以很容易认出爸爸。2. 带鸡过去，回来带米；把米放下，带鸡回去；放下鸡，带黄鼠狼过去；放下黄鼠狼，回去带鸡。3. 长工取出一个纸团，不打开看便投入火盆烧掉了。然后请财主打开瓷盘里的另一个纸团，果然是个“去”字。以此反证烧毁的是“留”字。财主因此无法解雇他。4. 一样重。在第二桶里，虽然水要比第一桶里少一些，因为那块浮着的木块要排去一些水。而木块的重量就等于此木块浸在水里的部分体积所排开水的重量。因此，它们一样重。5. 是专家的妻子。

第6章　学习方法决定学习效果

最有价值的知识是关于方法的知识。

——达尔文

(英国生物学家,进化论的奠基人)

好记性不如烂笔头

“好记性不如烂笔头”、“最淡的墨水胜过最强的记忆”，这两句话都是说做笔记的重要性。学会做课堂笔记是孩子积累知识的重要手段，是弥补记忆缺陷的最有效方法。

做好笔记有利于孩子对知识的理解和掌握，可以培养孩子的自学能力、综合能力和总结归纳能力。一个完整的课堂笔记，可以反映出老师讲课的重点、难点与疑点。通过课堂笔记，可以掌握老师的思考方法、分析方式和解决问题的技巧与次序。可以说，课堂笔记是孩子的信息库和资料库，它为孩子课后复习和作业提供了丰富的参考资料，而且这些资料又是教材和参考书中所找不到的宝贵内容。

做笔记还有一个好处，就是避免孩子上课分心和思想开小差，促使孩子听课时集中精力，积极思考，深刻理解老师所讲的知识；同时更能充分调动眼、耳、手、脑四个器官的互相配合与协调，锻炼孩子的器官协调能力。笔记对帮助孩子巩固知识，锻炼记忆也有很好的效果。

做笔记如此重要，但并不是每个孩子都会做笔记。

周末的一天，妈妈见女儿宋琳眼睛一直盯着课本，好像很认真的样子。可是，过了很久，妈妈也没见女儿把课本翻过去一页，就忍不住问女儿：“你怎么只看课本，也没见你翻一下笔记本呢？笔记可是学习的好助手。”

女儿嘟着嘴，小声抗议：“笔记有什么用，乱七八糟的，缺这缺那，还是课本好点儿，老师讲的基本都有了。”妈妈想教些秘诀给女儿：“看课本复习东西不是很烦杂吗？如果看着笔记，脉络清晰地复习岂不是效率会高很多？”宋琳嘟哝着：“你说得对，可是你看看我笔记就知道还是看课本会快一点儿！”

宋琳不太情愿地把笔记本拿出来，妈妈接过去一看，里面的内容杂乱无章！有的没标题，有的写了一半就没有下文，有的中间空了好大一块，也有不少地方密密麻麻写了很多，可是毫无重点，还有的打着问号。这么乱，难怪女儿不想看笔记了！

妈妈正想教训几句，宋琳已经急着赶妈妈：“行了行了，我知道你要说什么，我以后会好好做笔记的啦！现在忙着看书，内容多得很，没时间闲聊，我要复习了。”妈妈叹着气，口中说道“要是好好记笔记就不至于这么手忙脚乱。”宋琳看妈妈出去了，眼睛又转到课本上来。

生活中有很多像宋琳这样做了笔记可是最后却派不上用场的孩子。笔记质量不高，对于复习没有帮助，因此根本就用不上，做了也等于没做。那么做课堂笔记需要注意些什么呢？

一是记笔记时集中注意力。上课注意力不集中，似是而非，自然听不懂老师的讲解，课堂笔记肯定做不好。即使随手记下一些东西，也是不成系统的。所以，做好课堂笔记的首要因素就是要集中注意力听讲。

1. 注意听和记相结合。

有的孩子习惯于“教师讲，自己记，复习背，考试模仿”的学习模式。一节课下来，他们的笔记往往记了好几页纸，成了教学实录，自己却不知道老师说了些什么。这些孩子过分依赖笔记而忽视思考，以为老师讲的没有听懂不要紧，只要课后认真看笔记就可以了。殊不知,这样做往往会忽视老师的一些精彩分析,使自己对知识的理解肤浅,增加学习负担,学习效率反而降低,易形成恶性循环。

2. 不要让书写速度影响到听课。

课堂笔记要在一定时间内完成,因此,孩子在思维速度和书写速度方面要同老师协调一致。书写速度太慢,势必会跟不上老师的讲课进度,笔记就会不完整或没有条理,影响笔记质量。这就需要学会一些提高笔记速度的方法。比如,不必将每个字写得横平竖直、工工整整,可以潦草地快速书写(当然,要自己看得明白);可以简化某些字和词,建立一套适合自己的书写符号。

二是笔记要有重点。老师的讲课是有主次的,因此,笔记也应有详略。不分重点地将老师的话全部记录,或没有联系地乱记都不是记录的好方法。应将课堂上的重点、难点和自己不明白的地方以及自己认为掌握不够的地方进行重点记录。

1. 记下老师列出的提纲。

一般说来,老师的课堂板书就是课堂学习内容的纲目。这些纲目是老师在特别了解教材内容基础上,根据教学体会写出来的,它基本上能反映授课内容的知识结构和要点,有助于孩子理解、掌握、复习新课内容后的知识体系,所以,孩子不妨将它记在笔记上。

2. 记下老师强调的知识点。

老师一再强调的知识点应着重注意,一定要记好、记全、记准。通常,老师强调的知识点往往以关键词和线索性语句形式出现。关键词是指在讲课内容中具有重要位置的词语,可以作为记忆的引发器。线索性语句是老师用来提示即将出现的重要信息的语句,例如:“下面这几方面非常重要……”,“得出的主要结论是……”,“考试时要考的主要问题是……”等等。听到这样的语句,就要注意记录老师即将讲到的关键内容。

3. 记下老师讲解的解题方法。

老师在讲解例题时,常常会讲解解题的技巧、思路和方法,这些对于开发孩子的智力、培养孩子的能力是十分有益的。孩子可以将这些方法记录在册,并根据所记录下的方法进行理解、复习,并且日积月累,举一反三,这样无疑会大大提高自己的思维能力,提高学习效率。

4. 记下有疑问的知识点。

孩子在预习的时候,还没有搞清楚的易错、易混、理解不清或模棱两可的内容,尤其是经老师讲解仍不懂的,更要记下来,课后再去请教老师或同学,可以带着笔记本和笔,请给你答疑的老师或同学直接在笔记本上写下要点、例句或典型例题,也可以边听讲解边记。

5. 记下自己的想法和心得。

听课的时候,在老师的启发和指导下,孩子有时候会突发奇想,将两个或两个以上的以前认为不相关的观点串在一起,忽然悟出平日百思不得其解的道理,或是对老师讲解的内容有新的想法和心得,也不妨将这些思想的火花记录下来,以便于课后复习、理解、整理甚至进行新的创造。

三是对笔记进行阶段性整理和补充。建立有个性的学习资料体系,如可以分类建立“错题集”,整理每次练习和考试中出现的错误,并做剖析;还可以将笔记整理为“妙题巧解”、“方法点评”、“易错题”等类别。这样坚持下来,不断扩大成果，就能克服“盲点”，走出“误区”，到了紧张的综合复习阶段，就会显得轻松、有序，还可以腾出更多的精力和时间，把所学知识系统化、信息化。

做好课堂笔记，对提高听课水平和效率有很大的作用。笔记是用来记录老师课堂所讲的知识点的，是课堂精华的记录。因此，教导孩子掌握科学的方法记笔记是很有必要的。

和工具书“交朋友”

孩子在学习的过程中，经常会碰到这样那样的困难，比如说某一个字不认识，某一个词语不理解，某一个人物不知道他的生卒年代和生平等等。如果把这些“拦路虎”轻易放过，只是囫囵吞枣，不求甚解地学下去，孩子就可能无法把握文章的意思，恐怕连书的内容都搞不清楚。更重要的是，很多孩子见到生字不查字典，“看字读半边”，爱读错别字的毛病也慢慢地形成了。所以，父母应该让孩子和工具书“交朋友”，养成重视工具书的学习方法，当他们在学习上遇到困难时，懂得自己向工具书求助。这样，得出的答案既快速又准确。

我国古代思想家孔子说：“工欲善其事，必先利其器。”意思就是说，工匠做事如果想做得又多又好，就一定要在做事之前将他的工具磨得十分锋利。字典、词典之所以被称为工具书，就是因为它们是孩子学习中的“利器”。

周末的一天，婷婷一个人在家里看到一篇有趣的小散文，里面出现了一个她不懂的词语叫“鸡鸣狗盗”。她觉得很奇怪，鸡是会叫没错，可是狗怎么会偷东西呢？她越想越不明白，便跑到爸爸的书架上翻到了一本《成语大辞典》，这本词典据爸爸说还是他上大学时买的。

婷婷按着成语第一个字“鸡”的第一个字母“J”找到“鸡”字，然后再找到“鸡鸣狗盗”这个词。看到这个词婷婷高兴极了，心想马上就可以知道答案了。

可是等看到解释的时候，婷婷又有些糊涂了。因为成语辞典是这么注释的：《史记·孟尝君列传》：“秦昭王囚孟尝君，谋欲杀之。孟尝君使人抵昭王幸姬求解……”通篇都是古文的解释。最后辞典解释说：“后来以‘鸡鸣狗盗’比喻卑微的技能。”婷婷看到最后一句，总算明白了鸡鸣狗盗现在的意思，可是对这个成语最初的来源的解释她还是似懂非懂，她想，还是等爸爸回来问他吧。

爸爸回到家里，逐字逐句地把“鸡鸣狗盗”在《史记》上的记录解释给了婷婷听，婷婷才恍然大悟，佩服地说：“爸爸，你真是厉害！”爸爸说：“不是爸爸厉害，而是这本辞典太深奥，不适合你用。明天爸爸给你买一本适合你用的词典，好吗？”婷婷听了非常高兴。

第二天，爸爸果然给婷婷带回来一本《中学成语词典》。婷婷照样查了查“鸡鸣狗盗”这个成语，里面的解释就要简单直白得多，都是用很浅显的白话说的，不再是深奥的古文了。这本词典从此成了婷婷学习上的好伙伴。

工具书是不会说话的老师，在学习中，孩子学会使用工具书好处很多。字典的主要功能是查字，比如《现代汉语字典》、《新华字典》；词典的主功能是查词语。这些工具书提供字词的形、音、意及其使用方法。

孩子在学习的过程中应该充分地利用各种工具书。在学习中遇到生僻的词语和不了解的人物，要及时查阅词典，这样才能及时地扫清阅读障碍，必要的话，还可以把查到的词条抄录下来，标注在生词的旁边，等到下次阅读时，就能实现新旧知识一起学了。

工具书能使孩子的学习更为顺畅，如果经常使用它，就会在学习中得心应手。通过查阅一些工具书，还能纠正一些容易写错的字。如，“按部就班”不能写成“按步就班”；“再接再厉”不能写成“再接再励”。

学会使用有关工具书，不但能够使孩子的文字表达规范化，而且还能使孩子掌握多方面的知识。任何一本工具书对相关字词的解释都是比较全面的，有些词语的解释很有意思，涉及很多人文和历史典故，读起来很长见识。

知识的积累过程是一点一滴的，通过工具书的帮助，孩子的学习会进步更快。但是，现在有些孩子，遇到不理解的字词，自己不去查阅，而是问父母，这样久而久之，孩子就形成了懒得动手的毛病，更不用说自己主动查阅资料了。所以这个习惯的养成，父母一定要重视。

要想让孩子养成使用工具书的习惯，父母首先可以给孩子作一些趣味性的介绍，提高孩子对使用工具书重要性的认识，激发使用工具书的兴趣。

其次，父母应给孩子做榜样，遇到生字、生词，多使用工具书。不要忽视问题，或是想当然地解决问题。

再次，还可以通过一些激励的方法去激励孩子使用工具书，比如查字典比赛、查词语比赛、找近义词、反义词及查成语比赛。

最后，父母也可以带孩子去选购几本适合孩子使用的工具书，在选择的时候一定要认真看、认真选，在没有办法做出选择的时候，可以询问老师或其他教育学者。工具书买回来之后，放在孩子随手可以拿到的地方，以便于孩子经常查阅。

电脑是一把“双刃剑”

双双正在上网，妈妈对她说：“双双，知道不知道《风月宝鉴》是哪部中国古典小说的别称？”

双双说：“妈妈，我也不知道，不过我马上就能知道。”

“是吗？”妈妈对女儿这么笃定的回答有些怀疑。

没过两分钟，双双就告诉妈妈：“是《红楼梦》的别名。”

妈妈问：“《红楼梦》的别名不是《石头记》吗？”

双双说：“不知道了吧？原因我来告诉你吧！《红楼梦》里是不是有个有名的人物叫王熙凤？又有一个叫贾瑞的？”

妈妈说：“是呀，没看过你怎么知道？”

“我就是知道。贾瑞是不是拿过一面叫风月宝鉴的镜子？”

“是呀！”妈妈对红楼梦记得还挺清楚，这回她明白了，说，“啊，那就是这样了，我明白了。可是我不明白的是你怎么这么快就能知道呢？”

双双不由得大笑起来，说：“妈妈，你可真是落伍，现在网上什么都有，想找什么几秒钟就能找到，而且资料特别丰富。您过来瞧瞧！”

妈妈过去一看，真的，上面有关这个知识的文章就有几千篇。妈妈不由得叹道：“现在科技真是发达，学习真是容易呀！”

自从计算机进入教育领域以来，孩子的学习有了最简便的工具。电脑不仅可以给孩子提供丰富多彩的学习资料，而且也开阔了孩子的学习空间。

但是，如果孩子没有正确利用好电脑，也同样会给孩子的学习造成不利的影响。比如，有些孩子对玩电脑游戏有着极其浓厚的兴趣。他们沉溺于玩游戏之中，结果影响到孩子的学习成绩，甚至影响孩子的一生。

于是父母意识到，现在已经处于一个网络社会的时代，孩子们通过电脑上网就能够学到很多知识；但同时又担心孩子一不小心就可能去浏览一些内容不好的网站，或者经常在网上和网友聊一些不符合孩子年龄特征的话题，这样会影响孩子的身心健康和学习成绩。因此，对孩子是否要学电脑，父母表现出非常矛盾的心态，既支持，又反对。

其实，学电脑与提高学习成绩并不是水火不相容的。我们知道，科学技术像是一把双刃剑，对社会存在着正负两方面的影响，只要善加利用，科学技术就会转化为巨大的生产力，推动社会迅速向前发展；同样，电脑对于孩子的学习，也是一把“双刃剑”，只有运用得当，善于引导，才能消除电脑的负面影响，让孩子在学电脑的同时快速提高学习成绩，并因此而受益终生。

因此，在对待使用电脑的问题上，做父母的应该及时给予孩子正确引导，做到兴利除弊，使电脑正确发挥作用，成为孩子学习上的好帮手。

不要让孩子过早接触电脑。孩子在读小学五六年级时开始学电脑比较合适。因为这时的孩子已经有了一定的知识积累，这时学电脑不需要费太大的精力，又不会对其身心发育产生影响，也有利于培养孩子的兴趣爱好和发掘他们的聪明才智。

选择适合孩子语言的电脑软件。不少孩子抽象思维能力尚不发达，对枯燥乏味的“电脑语言”往往感到兴味索然，因此在选择软件上，不仅要注重孩子的“学”，更应该强调“玩”，这样才能吸引孩子的兴趣。购买软件时，不要迷信软件包装上的文字说明,最好亲自演示一下,确切了解难易程度。

教孩子学会选择好的学习网站。现在有很多专门的网站,比如各个学科的网站、中学网站、相关教育机构的网站等,所有这些网站都有中小学学习的内容,有相关的教师网上辅导和网上练习的材料,这些都为孩子的学习提供了很好的机会。父母要善于根据孩子的需要选择学习的内容和进度,充分利用电脑学习。

鼓励孩子用电脑培养自己的专长。父母要创造条件让孩子掌握电脑的操作技术,培养孩子的正当兴趣。比如多媒体制作、建立自己的个人网页等,还可以引导孩子由浅入深地编些简单的程序。父母要充分利用学校网络,帮助和引导孩子积极上网互动学习,积极参加学校在网上做的教育活动,为孩子创造上网交流的机会。

密切注意孩子的表现。如果孩子出现诸如视力减退、食欲不振、精神困顿等症状,就说明孩子上网过度痴迷了,父母一定要警惕起来,要求甚至强行命令孩子减少上网的时间,让孩子多参加其他活动。

让孩子意识到网络不良影响的危害。父母要教会孩子学会自觉防御,让孩子知道,现在的学习任务很紧张,没有那么多的时间和精力玩网络游戏,不良网页会毒害人的心灵,消磨人的意志。父母给他们买电脑是用来辅助学习,增长见识的,一定要派上正当用场。必要时还可加装保护未成年人的防护软件,防止其误入不良网页中。

会复习的孩子成绩好

复习,就是把已学的知识再学习,再温习,使知识巩固下来的过程。它是课堂学习的延续，是记忆时必不可少的一个环节。孩子即使是上课时认真听课，也不可能完全按自己的水平、自己的意愿去进行，上课是教师主导下的活动，孩子必然会出现对某些知识不甚理解。这样，要对这些知识有完整的、深入的理解就必须依靠课后复习。

早在二千多年前，孔子就提出："学而时习之，不亦说乎"，"温故而知新"。现代著名学者叶圣陶曾经说过："从前书塾里读书，既要知新，又要温故，在学习的过程中，匀出一段时间来温习以前读过的书，这是个很好的方法，在精读几篇文章之后，且不要上新的，把以前读过的温理一下，回味那已有的了解与体会，容易帮助增加新生的了解与体会，效益决不会比上一篇新的来的少。"

巴甫洛夫学说认为，记忆时大脑皮层形成暂时神经联系的过程，刚建立起来的神经通路如果不畅通，则原来大脑中保留的痕迹就会逐渐消失。而复习就是对大脑中的痕迹进行再刺激，即复习就是在第一次痕迹未完全消失时，紧接着进行第二次，第三次重复刺激，重复刺激次数越多，痕迹越深；重复越及时，费时越少，费力越小，记忆效果越好。

很多孩子学习很刻苦，总是不断地在复习，但是没过多长时间就忘记了，主要原因就在于他们在复习的时间和方法上面存在问题，没掌握住复习的诀窍。那怎样复习效果才好呢？

1. 有计划地复习。

知识本身有科学性，学习本身有规律，需要有序。如果东抓一把西抓一把，手忙脚乱，杂乱无章，不但会使复习停留在表面，发现不了问题，而且学习的速度会比较慢，出现一些不必要的重复劳动。忙了半天，对知识的掌握程度心中仍然无数,到后来会顾此失彼,造成心理紧张,效果差是不言而喻的了。

因此,在帮助孩子制订复习计划的时候,一定要根据孩子的具体情况确定。至少应安排两轮复习,先是全面复习,后是重点复习。语文、数学、外语可交叉复习。把现在学的和复习以前学的在时间上处理好。每天将复习的内容和一周集中复习的内容统筹安排好。

2. 复习要及时。

及时复习比考前复习更重要。有很多孩子养成了一种坏习惯,只要做完老师布置的作业,就再不看书了,或上课时和书本见个面,下课就把课本往书包里塞。等到下次上课,上节课老师讲的知识已遗忘得差不多了。这样到考试前,遗忘的知识越来越多,任务越来越重,这时候复习比平时及时复习,要多用很多倍的时间。

3. 多种方式复习。

长时间用同一种方式复习效果不好,尤其对于小学的孩子更是如此。想想看,我们成人学习英语时,有时是默读,有时大声朗读,有时抄写,不断变换方式或者结合并用。对于孩子更要这样。比如,复习语文,可以让孩子以朗读、背诵、默写、造句等不同的方式变换进行;复习数学,就可以让孩子看书、记公式、做练习题,而且习题也要注意变化题型。

4. 分散复习。

集中复习容易引起大脑疲劳。父母不妨让孩子每次复习20分钟,休息一会再复习。同时有几门课程的复习任务时,最好采用交叉复习方式,即20分钟复习语文,再换成数学,再换其他课程。

5. 灵活应变。

父母在指导孩子复习时，不能只给孩子布置几本书或几道题就放手不管，而是要尽可能根据孩子的实际情况随时做出调整。如果发现某一部分的内容孩子已掌握了，就可以让孩子跳过这一段，复习下面的内容。如果孩子已经做了几道这方面的题仍然出错，就需要父母指导孩子加强对这一部分的复习力度。

根据复习时间的长短，父母也要指导孩子采用不同的复习策略。如果时间很宽裕，可以让孩子从头至尾将书过一遍；如果时间紧迫，再平均分配时间显然不合适，就得重点复习自己的薄弱环节，有时只复习平日整理的错题库也能达到理想的效果。

轻视基础偏重攻难。有些孩子在考试前的复习过程中，不首先按照考试大纲的要求掌握好最基础的知识，而是片面追求攻难题、解偏题、做怪题。他们认为难题做好了才能拉开考试分数的距离。但是做难题必须以牢固掌握基础知识为前提，不是凭空攻克。没有基础知识、基本能力作铺垫，一步登天是不可能的，更何况基础的题型才是高考试卷中的主导内容。所以，父母一定要时常提醒孩子注意这个问题。

总之，复习是整个学习过程中十分重要的环节，它直接关系到学习的质量。所以，父母要帮助孩子掌握好复习这种学习方法。只有这样，孩子的学业才会在复习中上一个新的台阶。

准备一个“错题集”

孩子在学习的过程中在所难免地会出现差错，出现错误并不可怕，可怕的是对自己学习上的错误了解不够,或熟视无睹。

其实平时做题时,出现错误,并不一定是件坏事。题目出错的地方,正好暴露了孩子在知识和能力上的弱点,经过更正,就可以及时补上自己的欠缺。如果用彩色笔在错误的地方做上记号,写出正确答案,然后认真保存起来,将来复习时拿出来看看,就可以避免重犯错误,起到"提醒"的作用。

如果孩子在平时的学习中能够及时总结得失,今后学习的效果会更好。特别是进入考试的复习阶段,会有大量的习题,如果想把所有的习题都做一遍,在时间上是不允许的,另外如果是同样类型的习题,多做只会浪费时间。这个时候,如果手头上有一本"错题集",复习时就可以看曾经做错的题,针对平时学习中暴露出来的问题有针对性地分析,弄清原因,脑海中就会有深刻的印象。

因此,父母可以帮助孩子建立几本"错题集"。建立"错题集"是提高孩子学习效率、减轻学习负担的方法。通过"错题集"的使用,可以提高孩子的思维能力,更准确地把握知识点及概念点,也可以极大地改善孩子粗心的毛病,迅速地提高学习成绩。

几个高考单科状元在一起接受记者的访谈,记者问他们在学习上有什么好的经验。他们虽回答各异,但有一个惊人的共同点,就是他们都能从失败和错误中吸取教训。其中一位就讲到了他编写的几本"错题集"及编写"错题集"的原因。

他说:"原来老师每次发回作业和考卷,我只关心分数,得了高分,自然高兴,得了低分,垂头丧气地往书包里一塞了事。后来,我发现,不少考题是自己平时做过的习题,或者略作引申,相差无几,看起来似曾相识,做起来却照样出错。于是，我就开始编写属于自己的‘错题集’。说来也怪，开始一两个月，要收入‘错题集’的题目一个接着一个，每天要花不少时间，半年以后，需要‘登记’的错题越来越少，有时候，一星期也碰不上一个。因为，好多题目都是类型相似的，一个弄懂了，另外的也就融会贯通了。”

“错题集”对孩子的学习有如此大的帮助，那么建立的时候，需要注意一些什么问题呢？

步骤 1：让孩子把所有的作业、练习、考试中的错题原封不动地抄在“错题集”上，留下“错误档案”。

步骤 2：让孩子认真检查错在什么地方，并用红笔在错误下面画上横线。

步骤 3：帮助孩子找出错误原因并写出来，写得要具体，是概念不清还是用错公式，是没弄懂题还是计算马虎。马虎错的也不要只写“马虎”两个字，要写清怎么马虎的，是把“＋”号抄成“－”号了，还是把“3”抄成“5”了，越具体越好。

步骤 4：纠正错误，写出正确答案。“错题集”是把孩子的错题集中起来，到一定阶段父母可以让孩子做个统计，因马虎而错的题占错题的比例是多少，这时再教育才有利于孩子对马虎的认识。

这里要注意，“错题集”上除了记载自己的错题外，还可以记载一些非常典型、考查知识全面、解法灵活多样的优秀习题。

当然，“错题集”并不是做好了之后就行了，它真正的价值还在于孩子如何去运用它。这就需要孩子经常去翻阅它。父母要提醒孩子经常在空闲时间或准备下一次考试时，拿出错题本，浏览一下，对错题不妨再做一遍，这样就使每一道错题都发挥出最大效果，在今后遇到同类习题时，会立刻回想起曾经犯过的错误，从而避免再犯。做到同一道题不能错两次，同一类题目不能错两次，从而减少习题量。如果各科都建立“错题集”，这样经常温故知错、持之以恒，孩子的考试成绩就一定会有所提高。

另外，还可以和同学相互交流。由于每个孩子的基础不同，对一道题的认识也会有所不同，错误的题目类型也会有所不同，因此所建立的“错题集”也会有所不同。孩子通过和同学之间的交流，就可以从别人的错误中吸取教训，得到启发，以此警示自己不犯同样的错误，提高考试的准确性。

俗话说：吃一堑，长一智。如果孩子能从做错的题中得到启发，从而不再犯类似的错误，成绩就能有较大的提高。考试并不需要灯光下的熬夜苦战，也不需要题海中的无边漫游，有一套适合自己的学习方法，才是最为重要的。

提高写作能力的秘诀

考场上，周惠的语文试题做得很顺利，用了不到一个小时的时间就完成了前面的题目，现在周惠已经开始写作文了。

当她看到作文题目的时候，感到似乎不太难，稍微想了一想，她便开始动笔。

写了大概十分钟，周惠突然停住了笔，左思右想，不知道接着该写点什么了。

“真糟糕，已经写了两段，重写都不知往哪写，真是急死人了。”周惠小声嘀咕着，时间一秒秒地过去，旁边同学行笔时的沙沙声听起来是那么的刺耳，周惠犯难了。

在写作文的时候，有的孩子一看到作文题目，就感到很陌生，想了半天也不知如何开头；有的孩子在行文过程中思路突然短路，就像文章开头中的周惠一样，无话可说，脑子一片空白；有的孩子写着写着，发现自己离题了，或是对已经写好的东西不满意，老套而没有新意……孩子在写作的过程中出现各种各样的问题，导致很多孩子都怕写作文。

大多数孩子认为写作文是一件难事。这不是孩子的错，所以不要过分地去责怪孩子。但如何帮孩子克服写作文的难关，是家长应该考虑的问题。

1. 有兴趣。

写作兴趣是提高孩子写作能力的前提。父母在平时的生活中，可以让孩子多参加一些有益、有趣的课外活动，有时间的话，带他们出去玩一玩，增长见识，然后让他们把所见所闻记录下来，自由发挥，消除对写作的畏惧心理。在此基础上再进行书面训练，使孩子能在轻松愉快的气氛中完成作文，写作兴趣就会随之而来。

2. 多观察。

孩子怕写作文、写不出作文，很大程度上是由于孩子缺乏对生活的观察和积累而造成的。其实，作文的材料就在生活中。每个人生活在社会上，每天会碰到许多人，遇到许多事，碰到的人、遇到的事就是作文的材料。如果能仔细想想这件事包含了什么道理，正确认识后将它写下来，就可能是篇好作文。叶圣陶先生说："生活犹如泉源，文章犹如溪水，泉源丰盛而不枯竭，溪水自然活泼地流个不停歇。"这句话形象地说明了生活与作文的关系。因此，父母可以让孩子多观察大自然、接触社会，与各种人打交道。

3. 多看书。

所谓"读书破万卷，下笔如有神"，这里所说的书没有局限，只要是健康有益的书报刊,都能有所涉及。可以让孩子先从自己喜欢的书开始读,慢慢养成良好的读书习惯。读书的时间也不一定非常固定,可以利用睡前、课间、周日等时间。读书也不一定是作文或是写作方面的,天文、地理、历史、科技,可以广泛阅读。比如,小学的孩子可以多看些《小孩子阅读报》、《故事大王》、《语文报》等;在中学阶段,可以多读一些如《少年文艺》、《读者》以及一些名人经典文章。

除了看书外,他人的优秀作文也可以参考,看看别人是怎样写作文的,有什么值得学习的经验和方法。这样才不会闭关自守,堵塞思路。

4. 多积累。

前面说的观察和看书其实都是积累过程。这里要说的是积累的具体方法。比如,有很多好的例文,语言质朴、生动,字里行间流露出作者真挚朴实的情感。像这样的好文章,要认真分析。要求孩子把自己看到、读到的文章中的好词和好句用一个本子记下来。也可以让孩子直接在书上做一些记号,譬如对描写优美的段落划上波浪线等。学会背诵一些优美的词句,使之成为自己的语言,以后要用时就自然会联系上的。因此,要想写好作文,就要学会积累。

5. 多动脑。

有些父母常常会有这样的疑问:我的孩子读了很多的书,可是他的写作水平并没有提高。原因在于孩子在读书的过程中没有开动脑筋去思考。有的孩子看书只关注文章的故事情节,这对写作是没有帮助的。父母需要引导孩子养成爱动脑筋的习惯。对于课本上或是看到的好文章,要多分析,作者为什么写的好,好在什么地方,在以后写作中能否借鉴等等。作文思想的表达,要在写作之前构思,要把自己对一些人或事的体会和感想写出来。

6. 多练习。

要提高写作能力，最关键的还是要多练习，养成爱动笔的好习惯。孩子在开始时写得可能不够好，但这不要紧，只要肯动手，写作水平就会与日俱增。比如，让孩子养成写日记的习惯，日记的内容可以多种多样，长短不限，生活中的所见、所闻、所感、所思都可以写下来，长此以往，孩子的写作水平就会提高。

最后，父母们要注意的是，任何教育都不能急躁。当孩子作文不理想时，不能一味地批评和指责，要明白，即使再差的一篇习作，都会有它耀眼的亮点，哪怕是一个优美的句子或一个生动的词语；再不然就是一个用对的标点符号，一个写得比以前更好的字。孩子的词汇量有限，习作的过程中出现了词不达意、错别字多等问题也不能操之过急，只要孩子能努力地把作文写出来，而且非常乐意去写，就应该给予肯定。

小测试：学习方法理想吗？

做一件事情，包括学习，正确的思路和科学的方法是取得预期效果的重要保证。学习也是如此，也要讲究方法，即通常所说的学习方法。

下面的问题，让孩子根据自己学习的实际情形，对所说的内容符合自己情况的选“是”，不符合的选“否”，实在无法确定的可不选。

1. 我觉得学习是件有趣的事情。

2. 我经常感到睡眠不足。

3. 我很容易就能进入学习状态。

4. 我喜欢参加学校的集体活动。

5. 我觉得自己在学习上有些压抑,时常被打扰。

6. 在学习上有困难时,我能得到家长的帮助。

7. 我觉得自己在学习上比较轻松。

8. 我对不喜欢的学科就不愿学。

9. 我经常与成绩好同学进行比较。

10. 我在学习上经常受到鼓励和表扬。

11. 我每天学习有固定的时间。

12. 我上课经常有些听不懂的地方。

13. 我觉得学习主要就是上课和写作业。

14. 我听课能抓住主要的内容。

15. 我觉得自己学的知识不扎实,甚至前面学后面忘。

16. 我的作业都是独立完成的。

17. 我觉得补课没有太大的作用。

18. 我平时学的还不错,就是考不好。

19. 我只要有时间,就会看各种书。

20. 我会认真分析发回的试卷。

21. 我知道自己什么时间的记忆效果最好。

22. 我做过的题,有的过段时间又不会做了。

23. 我觉得记单词、背课文很容易。

24. 我遇到学习上不懂的问题会设法弄明白。

25. 我觉得有些公式定理难记住。

26. 我常与同学讨论学习上的问题。

27. 我觉得许多不懂的问题只要多读几遍就明白了。

28. 我在学习上常作应付,或得过且过。

29. 我考虑过自己的学习方法。

30. 我经常独立思考一些问题。

评分标准:

2、5、8、12、15、18、22、25、28题选择“否”记2分,选择“是”记0分,没选的记1分;其他的题选择“是”记2分,选择“否”记0分,没选的记1分。

将各题分数相加,算出总分。

60~50分:学习方法良好,效率比较高,只要你学,就会有出色的成绩,其实你现在的成绩就很不错。

49~30分:学习方法较好,学习效率一般,你只要努力就能取得更好的成绩,但有时学习方法的缺陷,会让你的努力白费。

29~10分:学习方法一般,学习成绩时好时坏,也许你也找了一些原因,只是这个问题解决了,那个问题又来了,这时你最好的解决办法是从整体上改进学习习惯和方式。

10分以下:学习方法很原始,学习效率很低,如果不在学习方法上有大的改变和提高,既使学习上花费了大量的时间和精力,也难有明显的效果。

第 7 章　提高效率使学习事半功倍

当你全神贯注时，你完成工作的速度和效率会相当惊人，就像是一个广角或可调焦距的镜头，只要缩小焦距，你就可以朝着你所想的方向前进。

——吉米·罗恩

(世界顶尖的潜能大师)

预习让学习事半功倍

肖老师工作的时间不长,为了了解孩子们的学习情况,她开了一次主题班会,这次班会的主题是关于预习的问题。在班会召开之前,肖老师私下里已经向部分同学了解过这一问题情况,发现不少孩子对于预习并不在意,认为预习效果很差,不如上课的时候仔细听。肖老师并不认同这种看法,于是就组织了这次主题班会:预习面面观。

在班会上,孩子们畅所欲言:最近的一次预习是什么时候,自己一般在什么时间预习,预习哪些科目,采用什么方式,对于上课有无效果,预习与不预习有没有什么差别等等。

王强的话很有代表性,他说:“我想不起来自己最近一次预习是什么时候了,好像很久都没有预习过。什么时候有时间,什么时候就提前看看书,谈不上什么方法,随便翻翻课本。预习的话,上课的内容熟悉一点,听讲好像容易些,不过没有什么明显差别。”

总结起来,多数同学都不重视预习问题,有空就看看书,没空就算了,没有什么计划。至于预习时间和预习方法,大家也没有什么想法,都是很随意,感受不到预习的效果。

肖老师的这一调查很有代表性。不少孩子不重视预习。但是,在心理学和学习论中,很多教育家都强调预习的重要性,认为好的预习可以对课堂学习起到很好的促进作用。而孩子们反映预习效果不佳,主要原因是他们缺乏时间安排和规划,没有注意方法。如果能够在这些方面注意一下,会有较大改善。

课前预习是一种行之有效的学习方法,它能明显提高孩子学习的效率,激发孩子自觉学习的主观能动性,获得课堂学习的主动权。

预习可以使孩子的学习有针对性,减少盲目性。孩子经过预习再去听讲,上课的积极性和目的性往往比没有预习时要强。实际上预习的时间总是有限的,再加上个人能力的限制,因此,不可能在预习时全部领会教材的内容,总会遗留一些不懂的问题,盼望着上课时得到解决,这样,听课时的积极性和目的性自然就比较强了。

预习可以使孩子建立起新、旧知识之间的联系,促进知识的系统化。著名教育学专家杨再隋教授也曾说过:“在学习新知识前,让孩子利用一些学习资源进行适当的预习以建立旧知识与新知识之间的联系是必要的。”孩子在预习的过程中会遇到很多自己解决不了的问题,在求知欲作用下,会自主地回想以前学过的知识,来帮助解决新的问题,这样,就构成了新旧知识的联系。

预习还可以锻炼孩子的思维能力。有了课前预习基础后,孩子在课堂听课就可以提前思考问题,或是在老师提出问题尚未给出解答时,自己便提前认真思考,提出自己的设想、看法或解决问题的方案;可以积极参加集体讨论,也可以对老师即将要讲解的例题自己先做一遍。

总之,孩子的思考活动要尽可能地赶在老师讲解之前,然后把自己所想的与老师的或同学们的见解做一番对比:自己错了,想一想错在什么地方,为什么会错;自己对了,也想一想自己成功的经验和体会,有无不足之处,有无更好的解决方法。

可见，预习是孩子学习的一个重要的环节，不但不能淡化，而且要大力强化，从而提高孩子的学习效率，培养孩子的综合能力，为孩子的终身学习和发展打下坚实的基础。

那么，怎样才能帮助孩子提高预习的效果呢？

第一，对预习要有一个正确的认识。有的孩子对预习缺乏认识，每天疲于应付作业，所以会说："作业太多，没有时间提前看书！"缺乏自信的孩子认为："老师没有讲过，所以看不懂！"还有怕麻烦善找借口的孩子会说："都预习了，还上老师的课有什么用？"由于对预习的偏见、忽视以及方法上的不当，也就直接影响预习的效果。

如果没有从一件事情中深刻体验到好处的话，这种事情就不会得到强化和巩固。如果对预习的方法、意义有更进一步的了解，并且能更规范地开展预习，使预习成为学习的习惯，对孩子学习产生很大的促进后，预习的行为也就容易得到巩固和继续。

第二，合理安排预习的科目。现在的孩子学习科目繁多，如果在预习的时候没有计划的把所有的科目都加以预习，肯定会出现疲惫、时间不够、预习质量难以保证等一系列的问题。所以，预习前必须解决好安排预习科目的问题。

实际上，并不是所有的科目都需要用同样的精力来预习的，一定要针对自己的实际情况，对于自己擅长的科目来说，只需花很少的精力就可以达到预习的效果，而对于那些自己感到吃力的科目，就必须集中精力来预习。

另外，在安排预习科目顺序的时候，可以按照难易程度的不同来搭配不同的科目，也可以注意文理的搭配。因为人的大脑在连续做同一件工作一段时间后，很容易会造成脑力疲劳。适当的调节，不仅可以减少脑部疲劳，而且，还可以大大提高预习的效率。

第三，合理安排预习的时间。课前预习所花费的时间要因人而异，对于学习较好的孩子，只需花费少量的时间，因为他们在听课的过程中很少遇到听不懂，或不明白的情况，预习的目的只是为了理清教材体系和听课的条理。所以，抓住每节课的空当时间预习对于学习较好的孩子来说应该是应用效率最高的方法。对于学习较差的孩子，预习应该更细致和更深入一些，应在前一天就开始进行。

第四，找出教材中的重点和疑点。预习时，一定要把新课内容的重点和疑点找出来，然后把重点和疑点带到课堂上去。课堂上，当老师讲到自己所找的重点和疑点时，一定要认真地一边听、一边思考，听老师讲解思路。如果孩子在经过老师讲解后，对有些问题仍然感到不明白，就要抓紧时间和机会向老师发问，直到把预习中找出的疑点弄明白为止。

最后，针对不同的学科采取不同的方法。预习时，不能千篇一律，不同的学科要采用不同的方法预习，抓住不同的要点。比如，预习文科时，要把重点放在排除生字、生词、中心思想、段落大意和写作风格上；预习理科时，要把重点放在定理、定律、概念和原理上等等。

好的预习方法，可以让孩子们在预习的时候避免盲目无头绪的情况，帮助孩子们更好的预习。

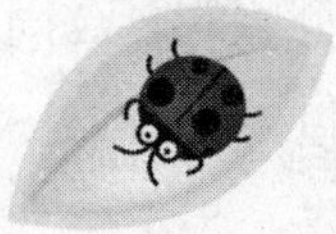

学会抓住听课的重点

小可放学一回到家，就打开电视看起来。妈妈正在厨房里准备晚餐，听到电视的声音就出来问：“小可，今天不用做作业吗？”小可乐呵呵地说：“中午把上午的作业都做完了，下午上的语文课，没有作业。”

听说上了语文课，妈妈关心地问：“今天讲的什么课文？重点要求是什么？”小可说：“《桃花源记》，重点？没什么重点。”妈妈奇怪了：“怎么会没有重点呢？”小可说：“就是没有重点嘛。老师也就是把课文讲了讲，我也不知道哪是重点。”妈妈听了，没有说话了，心里想着小可语文向来不好，上课这么不用心，成绩怎么赶上去呀。

妈妈想起上次和小可班主任的谈话，说这孩子总是学习不到点子上。比如语文中他只喜欢把文章当故事看，而那些需要重点学习的文言虚词、重要的文学常识，他却没有花工夫去记住，每次老师提起这些，他就感到迷茫。妈妈觉得这学习没重点是一个严重的问题，耗费很多时间和精力，收获却不一定成正比。这可得好好琢磨琢磨，长期下去可不行。

一堂课只有短短的 45 分钟，其中老师讲课的精华只集中在其中 20 分钟的讲课内容中。而常常很少有孩子能够把握每一分钟的时间高效率地听课，就如上例中的小可上完课，还不知道语文课的重点是什么。因此，要想让孩子提高学习效率，就要教导孩子在听课的时候，千万不要眉毛胡子一把抓，要学会抓住听课的重点。

老师曾经也作过学生,他知道孩子在学习过程中会遇到哪些问题。同时,作为传道、授业、解惑者,他深知什么是关键,在课堂上会反复强调与讲解。所以,只要认真听课就很容易抓住老师讲课的重点。

如果是理科的话,老师一般会把重点知识和内容重点讲授,其他内容大多是一带而过,这些科目孩子要判断重点的话可能会比较容易一些。但是,如果是文科的话,因为很多老师为了让孩子能够更清楚地理解,常常旁征博引,孩子要是不太熟悉这节课,也没有抓住重点的意识的话,就往往会搞不清自已要学习的重点是什么。

准确地把握听课的重点,可以从下面几个方面来掌握:

1. 老师的课前提示。

一般来说,老师的课前提示会把这篇课文的重点和难点列出来,让孩子重视。

2. 每小节后的练习题。

在课本的每章后练习中也会有相应的配套练习,从练习题中也可以知道该章要把握的知识点和具体要求是什么。

3. 老师讲课花费时间最多的部分。

老师讲课时,讲的时间最多的肯定是重点内容,或者老师会明确指出和强调,或者老师会多举几个例子。

4. 课堂上老师的提问。

老师在讲解新知识及其应用时,会提出一些问题让学生回答,这些提问都是老师精心准备的,与本节新知识及其应用有很大关系,所以要认真听。

5. 每堂课后的小节部分。

每节课讲完后的几分钟小结一般都是老师讲课的重点。虽然仅仅是几分钟,但却非常重要。因为,老师要把本节课的重点内容画龙点睛地小结出来。老师在小结时,将新旧知识串联起来,这凝聚着老师多年教学经验的结晶。

6. 老师布置的作业一般也和重点授课内容相关。

除了上面的几点,孩子们还要注意老师引入的新知识。一般地,老师在复习的基础上,会引入新的知识。因此,在听课时,一定要注意老师复习了哪些已学过的知识,这些知识与本节新知识有什么关系,老师是如何引入新知识的。这样,对于理解新知识是非常必要的。否则,注意力不集中,新知识不知从何而来,造成新旧知识的脱节,直接影响到后面课程的学习。

最后,孩子还可以根据自己的学习经验来判断重点。拿语文来说,比如学的是文言文,一般文言文的学习重点是关键实词和虚词的意义和用法、文言文的背诵和翻译、重要作家作品等方面。不管是哪一篇文言文,都可以从这几个方面考虑。然后再看具体要求,不同课文要求会有一些不同,不过几个主要方面不会有太大差异。因此,也可以根据一般经验进行重点复习。

克服上课走神的毛病

孩子的大部分学习活动都在课堂上进行,而上课集中精力听讲是学好功课的关键。但在课堂上,许多孩子思想不集中,容易开小差,即所谓的“走神”。

语文老师正在讲《散步》,抑扬顿挫的语调还是不能换回李聪的思绪。同桌王翔看李聪那副呆样，就知道他又走神了。王翔扯扯李聪的衣角，李聪也没有什么反应。王翔又用力拽了一下，李聪这才回过头："怎么了？"王翔小声说："我问你呢，怎么一直发呆？"李聪吐着舌头说："刚才又走神了，正想起《萍踪侠影》里双剑合璧的精彩场面呢。"王翔斜着眼睛看他一眼："小心又被老师发现。"

李聪想起自己上回，也是上课走神，当时自己正看《城市猎人》。上课铃响了，后来上课的时候就一直想着《城市猎人》下一篇是什么情节，结果就"出事"了。老师让他回答问题，他连问题是什么都没听见。向王翔求救，谁知道王翔也开小差了，爱莫能助。李聪想想心里有些发慌。王翔又扯他一下："干嘛？又想什么？"李聪赶紧收拾心情听讲了。

上课走神是目前好多小学生面临的一个严峻问题。它不仅影响孩子当前的学习成绩、个性培养和习惯养成，还关系到孩子未来的人生发展。心理学和教育学的研究表明，小学生在学校里学到的知识有50%是通过听讲本身获取的。除此以外，还包括课堂上和老师的目光语言交流、课堂上的小组活动等。所以上课时走神、注意力不集中会使孩子无法认真听取老师所讲的知识。不能听取老师所讲的知识，就不能通过听讲获取信息。

有的孩子在说起自己走神时，常常把原因归于老师，说老师上课没有激情，讲课内容太过枯燥，或者说授课方法不好。这种情况也不排除，但不能否认的是，孩子自身也存在着很多的问题，比如说孩子对所学学科的目的和意义认识不足，对所学学科不感兴趣，对老师所要讲的内容比较熟悉或基本上已掌握，不善于集中自己的注意力等等。

为了克服孩子上课"走神"的毛病，父母应指导孩子注意以下几个方面：

教导孩子明确学习的目的和意义。父母应该让孩子明白，在学习某门功课或完成某科作业时，必须对学习的目的和意义有明确的认识。每弄懂一个问题、做好一道题，都在向成功之路迈出重要的一步，由此来提高自觉性、加强责任感、集中注意力。坚持这样做，即使注意力一时分散了，也会立刻引起自我警觉，把分散的注意力收拢回来。

引导孩子进行情境想象。无论多么爱走神的孩子，当参加重要的考试或竞赛时，他也会尽可能地集中注意力作答，发挥出最佳水平。因此，可以让孩子在每次上课和做作业时想象自己是在参加某次大考或竞赛，要在规定的时间内做完，提高单位时间内的效率，这样可以使自己真正紧张起来，注意力就自然集中了。正如著名数学家杨乐所说："平时做作业像考试一样认真，考试时就能像做作业一样轻松。"

注意克服内部和外部的干扰因素。听课其实是一种能力，好多孩子上课的时候容易走神，效率不高，其实是因为他们的某些能力存在缺失，而这些能力中，首当其冲的当然是注意力。所以，听课时要避免自己注意力分散，排除干扰。注意力分散与内外干扰有关。外部干扰，主要是指无关的声音、分心的视觉刺激以及自己感兴趣的事物等；内部干扰，主要是指疲劳、疾病、与学习无关的思想情绪等。克服内部干扰，除了培养正确的思想、情感外，还要积极锻炼身体、保持充足的睡眠、避免用脑过度、防止身心过度疲劳等。克服外部干扰，除了要尽力避免影响注意力的外界刺激，例如学习时把桌面上的报刊收掉、自习课不听收音机等，还要有意识地锻炼自己的意志力，培养"乱中求静"的本领，使注意力能够始终高度集中。

使孩子的学习活动多样化。一个人如果一直单调地做某件事情的话，往往容易让人分散注意力或降低注意效率，使人易感疲劳，甚至昏昏欲睡。多样化的活动最能维持注意力的稳定性，使人精神奕奕。因此，在学习中，要让孩子学会安排自己的学习活动，使其丰富多彩。比方，把看、读、写、做等活动交替进行，使大脑相应的工作区得到转换和调节，保持注意力的稳定性与集中。

请同学帮忙进行监督。有些孩子本身克制力较弱，或者有时自己走神但是不能注意到，这时只能借助外界的力量。可以请同桌或者和自己邻近的同学，一旦发现你出现发呆走神的情况，一定要及时把你唤回。这种方法很有效，一般同学提醒之后，都能使走神的孩子注意力回到课堂上来。要不然有些科目逻辑性很强，比如数学，上课中断往往就较难接下去，对于保持课堂高效率很不利。

制订可行的学习计划

俗话说："凡事预则立，不预则废。"一份理想的学习计划能帮助孩子明确学习目标、合理安排时间、增强学习的自觉性和积极性、提高学习效率。

学习是一个漫长、艰辛的历程，如果做事之前心中没有清楚的打算，在学习过程中就容易产生倦怠感，甚至对学习产生抵触心理。很多学习优秀的孩子都会给自己制订一份可行的学习计划，虽然计划赶不上变化，但是如果孩子能够努力按照计划去学习的话，就一定会有所长进。

一位母亲说："孩子放暑假我就犯愁，因为她一点都不懂得安排学习和生活。经常开头只顾玩，等到暑假最后一个星期才拼命赶作业，日子过得迷迷糊糊。不知道昨天做了什么，今天该做什么，更不懂得明天要做什么。”

其实，很多父母都有这样的烦恼。让孩子学会做计划是很多父母都关注的问题。一份完整的学习计划通常包括学习目标、时间安排、具体的实施办法或措施等内容。制订学习计划时，一定要引导孩子充分考虑下面几个方面：

1. 我为什么学习。

即学习的目的和意义。这是孩子积极、主动学习的动力。

2. 我要学什么，达到什么目的。

即学习的对象及目标。这是学习计划的实质性部分。

3. 我的情况怎么样。

即孩子的实际情况，例如，孩子的基础水平、学习能力、个性特点、学习风格、优势和弱项等。这是保证计划切实可行的重要前提。

4. 我可以向谁请求学习帮助，与谁一起学习。

一个好的老师，一个学习能力强的学习伙伴，对孩子的学习都有极大的促进作用。

5. 具体的学习方法和措施是什么。

这是确保学习计划得以实施的必要条件。

在帮助孩子制订学习计划的过程中，父母还应特别注意以下几个方面：

计划要符合实际情况。孩子在制订学习计划的时候，要对自己目前的知识水平有一个自知之明。学习计划不是目的，它只是学习的一种打算，一种安排，以此来循序渐进地获取知识。在制订学习计划时，不要脱离学习的实际情况。比如：自己将要掌握的知识和将要学习的内容是什么？在每个学习阶段，能有多少确实可用的学习时间？老师教学的实际进度等等。不少孩子在制订学习计划时劲头十足，但往往忽略了实际情况，结果实行起来感到困难重重。

教孩子学会对目标进行分解。切实可行的计划必须保证每一环节、每一步骤的有效性。心理专家认为，保证计划切实可行的一个有效办法是对目标进行分解。例如，对于一个学习成绩为70分的孩子，不能直接把学习目标确定在90分，而应该设置为70—75—80—85—90……这样才能使孩子不断体验学习的乐趣和学习成功的喜悦，不断进步、不断发展，一步一步逼近终极目标。

计划要确保突出重点。制订计划要突出重点，不要平均使用力量。学习时间是有限的，但学习内容却是无限的，所以学习必须有重点。应该确保重点，兼顾一般。所谓重点，一是指学习中的弱科，二是指各学科中的重点内容。每个孩子都可能有自己的弱科，有的感到外语较难，有的觉得数学问题较多，制订计划时就应该把这些情况考虑进去。另外，有些学习优秀的孩子，因为要参加学科竞赛或发展某些方面的特长，在课余时间里还需要安排一些提高性的学习。那么对于这些优秀孩子，课余学习提高性的内容，也就应当成为学习计划中某一阶段的学习重点。

学习时间安排要合理。这里说的学习时间是指，常规学习时间和自由学习时间。常规学习时间就是按学校规定的学习时间，主要用来完成老师当天布置的学习任务，“消化”当天所学的知识。自由学习时间是指完成了老师布置的学习任务以后所剩下的归自己支配的学习时间。在自由支配的时间内，一般可做两件事：补课和提高。补课，是指弥补自己学习中的欠缺；提高是指深入钻研，开展自己的优势和特长。自由学习时间应当成为制订学习计划的重点部分，一旦抓住了自由学习时间，将会给自己的学习和成长带来极大的好处。所以，孩子应当努力提高常规学习时间的效率，增加自由学习时间，使学习的主动权掌握在自己的手里。

全面考虑生活的平衡。制订学习计划不能只考虑学习而不顾其他。其实，学习知识是一天生活中的一个方面，其他活动对学习都有一定的帮助，所以，在制订学习计划时，必须全面考虑。既要使学习在一天中占首位，又要使学习同其他活动协调起来。换言之，在一天的作息时间表里既要有吃饭、睡觉、上课、下课活动的时间，也要有休息、娱乐的闲暇时间，还要留出与同学、朋友、家人聊天及听广播、看电视等时间。总之，一天的活动要多样化，各种活动都应该适时且协调地进行。有规律而充实的生活是提高学习效率的基本条件。

计划要有一定的灵活性。计划不应绝对不变，根据实际情况和执行计划中的体会应允许有些变动。比如，某天孩子因参加校运动会觉得身体非常疲惫，那就应该及时改变计划让孩子早点去休息。如果单纯为了执行计划，硬要孩子不做完十道题就不准睡觉，不仅孩子的学习效率低下，还容易引起孩子的反感。计划既要有灵活性，又必须以基本不变为原则，这样才有利于养成良好的习惯。倘若把什么情况都看成是例外，随便改变计划，就难以养成习惯。因此，在一开始制订计划时就要考虑留有余地，计划一旦订好之后，就尽可能不要变动。

检查按计划执行的效果。每一个计划执行结束或执行到一个阶段，就应当教导孩子检查一下效果如何。如果效果不好，就要找找原因，进行必要的调整。检查的内容一般包括计划提出的学习任务是否完成？是不是基本按计划去做？学习效果如何？没有完成计划的原因？什么地方安排太紧？什么地方安排太松？通过检查后，再修订学习计划，改变不科学、不合理的地方。每天写日记时，一定要把一天学习计划完成的情况认真记录下来，以便改进。

计划通过实施才有意义和价值。在帮助孩子制订好学习计划后，父母还应经常督促孩子执行学习计划，定期检查孩子完成学习计划的情况，并根据实际情况帮助孩子调整学习计划。

我们有理由相信，一个不折不扣地执行着一份切实可行的学习计划的孩子，他的学习一定是卓有成效的，他的学习一定是优秀的，他的父母一定是轻松、快乐的！

科学有效地利用时间

一天，一个少年正埋头在阁楼上学习，母亲几次叫他下楼吃饭都不见动静，只好把饭菜端上去。少年一面看书，一面下意识地将盘子里的东西夹起来往嘴里送，很快就将它们一扫而光。母亲走上来收拾盘子时问："鱼子酱的味道如何？""鱼子酱？"少年感到莫名其妙。"你刚才吃的呀！"母亲也莫名其妙。"它是鱼子酱？"少年深感遗憾。要知道，这是他最爱吃的食物，母亲今天特意为他做了一盘。谁知光顾看书，竟不知道吃的是一盘向往已久的鱼子酱。

故事中的少年就是1970年诺贝尔生理学及医学奖获奖者朱利叶斯。从这则故事中我们了解到朱利叶斯之所以能够取得成功，跟他抓紧时间有关。对此，贝多芬和莫泊桑也深有同感，贝多芬说："我的一切成就取决于我对时间的珍惜。"莫泊桑感慨："世上真不知有多少能成就功业的人，都因为把难得的时间轻轻放过以致默默无闻了。"

帮助孩子取得好成绩,父母有必要让孩子学会珍惜时间,并且学会科学地利用时间。

首先,要求父母明白珍惜时间并不等于长时间学习。为了把握好一分一秒的时间,有的父母经常让孩子长时间的学习。比如,在休息日的时候,父母也会抱着望子成龙的心理,送孩子去上各种各样的学习班,孩子几乎没有时间自由地玩耍。父母认为,孩子学习就应该这样争分夺秒地利用时间。这种想法是错误的。心理学家研究发现,学习时间长并不等于学习效果就好,要提高学习效率,就要先了解孩子的学习心理规律,处理好学与玩的关系。否则只会得不偿失。

有个孩子叫小龙,天资聪颖,父母觉得光在学校学习还不够,又给他报了电子琴、钢琴、绘画、作文、围棋等学习班,结果这个孩子患了抽动症,需要进行心理治疗;还有个孩子已经上了数学奥林匹克班,父母又给他报了物理奥林匹克班,孩子不堪重负,患了强迫性思维症,只好停学休息。

上述两个例子告诉我们,过重的学习负担不仅没有提高孩子的学习成绩,反而造成了孩子的心理障碍,影响学习。

其次,对孩子运用"先苦后乐"或"先乐后苦"的"目标倾斜"法。社会心理学家告诉我们,人们在努力工作或学习时,"痛苦"作业的前方应同时安排有快乐的报酬。也就是说,不管多么痛苦的作业,只要前方有自己最期待的东西,就不太觉得痛苦了,这就叫做"目标倾斜",预示着人们在接近目标之前的时刻,工作或学习的曲线会显著地上升。

比如,父母可以运用这个心理原理,先了解孩子想看的电视节目,把这个节目开播前的30分钟或10分钟，定为孩子学习结束的时间。这样，孩子不仅乐意接受，而且即使比平时多加一些内容，也能轻松愉快地消化掉，这是“先苦后乐”的“目标倾斜”。顺序倒过来也一样，“目标倾斜”还可以“先乐后苦”。

如果孩子正在入迷地看漫画书，或者已经开始看他喜欢看的电视节目，你中途打断他们，要他们去学习，他们肯定会很不高兴，甚至反感或反抗。即使他们被迫坐在桌子前，也是心不在焉，或者赌气地翻书，噘起嘴巴，胡乱地做作业，或者仍在想着刚才的漫画书或电视节目的内容。在这样的心理状态下，做功课的效率肯定高不了。

与其如此，不如将时间稍微调整一下，采用“先乐后苦”的“目标倾斜”原理，等他们把漫画书或电视看完后，再嘱咐他们去学习。如果孩子因为看漫画书或看电视后，剩下的时间不多，只要提醒一下，让他们知道，他们会从内心感激你，更加认真地学习。

再次，让孩子一起参加时间安排的制订。孩子一起参与，这种计划才更适合孩子自身的需要，才能调动孩子的积极性，制订的计划才有可能得以实行。

宋敏的父母不光重视孩子的教育，而且懂得孩子的心理，常常会有一些好点子。有一天，一个朋友来到他们家做客，顺便请教他的父亲：“我想讨教一下，你们是怎么为孩子制订作息时间表的？”

宋敏抢着说：“我的作息时间表是我和爸爸妈妈一起定的。每个星期的周末，爸爸拿来《广播电视报》，让我画出下个星期我想看的电视节目和动画片，优先安排。然后再安排做暑假作业的时间。剩下的时间，是给我发展兴趣爱好和户外活动的。”

父亲的朋友觉得很奇怪，对宋敏的父亲说："一般爸爸妈妈总是优先考虑学习的时间，你们为什么要优先安排看电视的时间呢？"

父亲说："因为电视节目的时间是固定的，有孩子喜欢的电视节目的时候，硬要让孩子去做作业，心挂两头，反而做不好。倒不如把他爱看的电视节目时间留出来，他既能安心地做作业，又满足了娱乐的需要。"

妈妈补充说："所以，我们的作息时间表，每个星期都要根据每周的《广播电视报》进行修改。"

父亲又说："我们不把父母的意见强加给孩子，让孩子一起来参与制订，就知道孩子有些什么要求。合理的，我们尽量满足他。比如，孩子提出，看电视的时间是不是有点弹性，好看的电视多，这个星期看电视时间就安排得稍多一点；好看的电视少，这个星期看电视时间就安排得少一点。但是总体上不超过平均每天两个小时。我们满足了他，所以，他执行起来很有积极性。"

这位朋友饶有兴致地听着，心想，宋敏的父母果然和一般父母思路不同。

除此之外，父母帮助孩子逐步地学会合理安排学习时间，还有一些小窍门。孩子的年龄尚小，自我控制和调节能力还较弱，出现不善于合理安排学习时间的现象不足为怪。父母要善于给孩子提出合理的建议，比如下面的这些：

1．学习时间的安排要服从学习内容。

学习的内容有主次、详略之分，因此，在安排的学习时间上要根据学习内容合理地安排，才不至于浪费时间。

2．充分利用零星时间。

零星时间看似很少，利用价值很小，但集腋成裘，聚沙成塔，将零星时间集合起来，就是宝贵的整段时间。

3. 提高时间的利用效率。

一天的时间里，人的精力不可能始终都保持同样的旺盛。根据自己的特点，分出轻重缓急，合理分配时间，可获得事半功倍的效果。

4. 制订一些时间限制。

连续长时间的学习很容易使自己产生厌烦情绪，这时可以把功课分成若干个部分，把每一部分限定时间，例如一小时内完成这份练习、八点以前做完那份测试等等，这样不仅有助于提高效率，还不会产生疲劳感。

5. 不要在学习的同时干其他事或想其他事。

一心不能二用的道理谁都明白，可还是有许多孩子边学习边听音乐。或许有些孩子会说听音乐是放松神经的好办法，但其实可以在专心地学习一小时后全身放松地听一刻钟音乐，这样比带着耳机做功课的效果好多了。

6. 注意休息。

教导孩子要把学习活动和其他活动有机地结合起来安排。这样既保证了各项活动的顺利完成，也保证了大脑得到休息和身体机能得到较好的维持。

克服作业完成效率低的缺点

作业怎样做才能高效率地完成是孩子学习上的一个重要问题。很多孩子抱怨作业量大，时间太少，可能有时会是这样。但也有的孩子花很多时间在作业上，而作业却并不理想。

周末，刚师范毕业的王瑛到姐姐家做客，小侄女到隔壁同学家学习去了。晚饭时间，小侄女回来了。王瑛眉开眼笑地迎上去，小侄女却是愁眉苦脸的。

“怎么了，见到姑姑不开心？”王瑛逗她。

小侄女阴沉着脸说：“明天要交作业了，我还没有做完，怎么办？姑姑你帮我写吧。”

“你刚才不是写作业去了吗？怎么还没有完成呢？作业很多吗？”王瑛不解地问。

“刚才是去同学那里做作业，可是同学在玩游戏，我一边看一边做，结果没做完。早知道就不看了。”小侄女后悔的说。

王瑛说：“平时作业也需要花这么多时间吗？”

小侄女点点头。这时，姐姐说：“这孩子，学习效率就是低。”

原来，小侄女做作业总不爱独立完成，喜欢和隔壁同学一起做。那个同学是爱玩爱说的个性，两个人的作业经常都拖很长时间才做得完。有时候，就算她一个人做作业，小侄女还是爱分心，一会儿出来拿个水果，一会儿倒杯水喝，一会儿上厕所，有时经过客厅看到好看的电视就呆着不动了。

“原来是这样，那就难怪了。”王瑛说，“你一定要帮助她提高学习效率。”

生活中，很多孩子做作业常常陷入了“我有多少时间，我就做多长时间的作业”的怪圈之中。这在心理学上被称为“帕金森定律”。

1958 年，英国历史学家、政治学家诺斯科特・帕金森出版了《帕金森定律》一书。帕金森经过多年调查研究，发现一个人做一件事所耗费的时间差别如此之大：他可以在 10 分钟内看完一份报纸，也可以看半天；一个繁忙的人 20 分钟可以寄出一叠明信片，但一个无所事事的老太太为了给远方的外甥女寄张明信片，可以足足花一整天：找明信片一个钟头，寻眼镜一个钟头，查地址半个钟头，写问候的话一个钟头零一刻钟……特别是在工作中，工作会自动地膨胀，占满一个人所有可用的时间，如果时间充裕，他就会放慢工作节奏或是增添其他项目以便用掉所有的时间。

本来需要半个小时可以完成的作业，有的孩子通常会拖拉、磨蹭一个小时，甚至更长的时间。这样带来的恶果是，孩子表面上整天忙于做作业的同时，他们白白浪费掉了许多本来可以休息的时间、本来可以娱乐的时间、本来可以锻炼身体的时间。

因此，父母应该培养孩子养成这样的习惯：有多少作业就安排多少时间。即在做作业之前，先给自己定一个时间，而作业必须在规定的时间内完成。

这样做至少有这样几个好处：第一，因为时间限制，孩子可以全力以赴地投入到做作业之中，做作业的效率自然就提高了。第二，孩子可以在做完作业以后干自己想干的事情，比如听听音乐、锻炼身体、预习功课。这样也直接地、间接地培养了孩子对学习的兴趣。第三，这样做也能培养孩子的考试能力。很多孩子不能适应考试的紧张气氛和快节奏，与他们平时做作业没有时间概念和效率概念有直接关系。

也有很多孩子做作业效率不高，是由于孩子的注意力短暂且不稳定，容易分心。因此，父母不应该打扰孩子，要为孩子提供安静的学习环境。父母不要在孩子正在学习时，为了关心孩子而送水果、倒水，这其实也是在干扰孩子！

有些孩子在学习时喜欢突然开小差，问父母一些与学习无关的问题，比如：

突然问父母晚上吃什么，突然跟父母提到学校有趣的事。这个时候父母不要搭腔，因为一搭腔，实际上就是默认孩子写作业时可以讲话，把孩子的注意力分散了，这不利于让孩子静心学习。最好告诉孩子有什么事待他做完作业后再问。

如果父母常邀请朋友来聚会、打麻将或聊天，家里弄得吵吵闹闹，或父母一吃完饭就抢着看电视且声音很大，这样的环境不利于孩子的学习。所以请父母千万不要因为自己的喜好而视孩子于不顾，一定要给孩子营造一个安静的学习环境。

除此之外，要想帮助孩子提高做作业的效率，还可以参考以下建议：

帮助孩子端正对作业的态度。父母必须帮助孩子提高对家庭作业的责任感，要让孩子明白，每天保质保量地按时完成作业是他必须要做到的，没有任何可以讨价还价的余地；父母还必须帮助孩子提高对家庭作业的重要性的认识，要让孩子明白做作业是掌握好知识不可缺少的一个环节，是学习的延续和拓展，是巩固知识和提高学习成绩必不可少的重要手段，并不是可有可无的。

努力提高孩子做作业的兴趣。兴趣是影响人的行动的重要因素，它能促使人喜爱从事某项活动。但有些孩子学习兴趣低落、学习自觉性较差，于是，他们每天做作业都是硬着头皮在应付老师和父母，能拖就拖，能不做就尽量逃避。

对于这类孩子出现的作业问题，父母应当从培养和提高孩子的学习兴趣入手，要想办法改变孩子对学习是“父母逼我学”的想法，要让孩子能够变成“我爱学”、“我要学”的主动学习状态。

让孩子文理科作业交叉搭配来做。孩子在做完理科比如数学、物理、化学中某一科作业，如果觉得头脑有点累，可以让孩子学会换做文科作业。比如完成语文的背诵或者作业，之后再回过头继续做理科作业，作业时间安排不要只偏重于理科，也不要把理科集中放在一起。

一文一理，可以让头脑松弛有度，而且因为作业性质不同，有利于调动头脑的灵敏性，保持活力，不会因为过度用脑而导致精神疲劳。

教导孩子尽量少用橡皮擦。有些孩子由于压力大，心情焦虑，怕出错，对自己要求高或者是父母对孩子要求高等原因，老是喜欢使用橡皮，不停地擦来擦去，这种现象在心理学上称之为“橡皮综合征”，这种情况也常常会使孩子做作业的效率低下。

对于这样的孩子，父母不要过多指责，也不要用打骂来纠正其不良行为，而要用奖励手段进行强化训练来达到目的。孩子在家做作业时尽量少用橡皮，如果作业本保持清洁、在一定时间内迅速准确地写好字，就有一定奖励，督促孩子少用橡皮，甚至不用橡皮。反之，如果孩子离不开橡皮，父母最好把橡皮没收，经过一段时间的强化训练，孩子依赖橡皮的坏习惯会逐渐得到纠正。

给孩子留下自由支配的时间。有些父母在孩子完成老师交代的作业之外，还会额外给孩子布置一些作业，这种无形的压力会让孩子故意放慢写作业的速度，以此抗议。反正写完老师布置的作业还有妈妈布置的作业，就不如连老师布置的都做不完。久而久之，孩子就养成了磨蹭的毛病。

因此，父母尽量不要给孩子“吃小灶”，把孩子对作业的厌恶感放大。对孩子的家庭作业，父母应该适当介入，根据老师布置的作业对孩子需要的时间做一个估计，给孩子留下自由支配的时间，让他做自己喜欢的事情。养成这个习惯后，孩子会抓紧时间完成作业。

学习要注意劳逸结合

高建是学习特别认真的一个孩子，只要有时间他绝对不浪费。他的生活也过得非常有规律，可是有点儿刻苦过头，吃早饭还看书，课间更是不肯放松，能写作业肯定要写作业，能看书就看书。在家里也是，吃完饭就钻进书房。别人家的父母都是劝着孩子学习，高建的父母则是劝着高建学习不要太拼命，要多休息。

有一次，李洁和几个同学约高建一起打羽毛球。高建想了想，答应了。李洁来接他的时候，高建还没换衣服，在书桌前拿着一本数学书，专心地思考一道题。李洁催着他赶紧走，高建把书往书包里一塞，带着走了。

李洁说，“你就是个书呆子。”高建说：“以前浪费的时间太多了，现在我要抓紧一分一秒，把以前的时间都补回来。”上了车，高建也争分夺秒似的拿出数学书，认真看起来，时不时地还用笔写写划划。李洁看高建那样认真地看书，眼睛凑得那么近，不禁摇了摇头。

以后，大家出去玩，都不叫高建了，觉得跟他一起玩没意思。

很多孩子像高建一样，认为在学习上只要努力程度够了，肯定能够收到很好的效果。于是分秒必争，心中只记得要好好学，不能松懈。这种思想认识并不是科学的。所谓“过犹不及”，如果不顾自己的实际身体状况，只注重学习时间的累计，却忽视学习效率的提高，有时甚至会导致学习疲劳综合征，长期下去反而会对学习失去兴趣。

曾有人这样说：“光学习，不玩耍，聪明的孩子要变傻。”所谓“头悬梁，锥刺股”，只是精神可嘉，方法未必科学。爱因斯坦演算疲劳后，就拿起他的小提琴拉上几曲自己喜欢的曲子，使自己从那些符号中解脱出来；马克思在研究中感到疲劳时，就画一些画来转移大脑的兴奋区域。在学习过程中，一定要劳逸结合才能保持精力充沛，提高学习效率。

孩子学习的时候是要动脑的。脑是全身新陈代谢最活跃的器官，对氧的需求量很大，约占全身氧消耗量的1/4。当进行艰苦紧张而又繁重的脑力劳动时，大脑皮层处于高度兴奋状态，对氧的需求量剧增。长时间地用脑，会使全身血液循环减慢，流经大脑的血量减少，引起暂时的“脑贫血”，致使大脑疲劳。

这时，生理上就会出现感觉迟钝，动作不协调、不准确，肌肉痉挛麻木等；心理上会出现注意力不集中、思维迟钝、反应速度降低、记忆力下降等症状，长期下去，就有可能出现神经衰弱。可见，只有按照大脑活动规律，合理科学地使用大脑，才能提高学习效率，而科学使用大脑的最佳方法是劳逸结合。

从生理学上来说，大脑活动的基本规律是兴奋与抑制的转换。因此，一定要注意学习与休息的交替，合理地安排学习与休息的时间，才能调节大脑各个区域和谐的活动，使学习效率提高。

在孩子学习时，父母一定要让孩子注意劳逸结合。那么，怎样才能做到劳逸结合呢?

让孩子认识到劳逸结合的重要性。古人云:知而后行。不应该一味学习，不知道放松和休息，也不该只顾着玩，不重视学习。这两者必须有一个度。所谓“一张一弛，文武之道”，把握好分寸十分重要。学习之余不忘放松，让身心得到更好的休息，以便更好地促进学习。

引导孩子制订学习作息表。对于学习没有节制的孩子来说，需要有一个明确的时间表，规定好学习和休息的各个时间段。只是制订计划之后，一定要让孩子坚决执行，不能计划归计划，行动归行动，使计划停留在字面上。

教孩子利用课间时间休息。课间 10 分钟是让孩子解除疲劳紧张，放松心情的重要时间，具有承上启下的作用。由于大脑皮层具有自我保护的能力，当某一项工作做久了，兴奋性就会减低，如果再持续进行这类工作，那么这些外界的刺激就不会使大脑皮层兴奋，甚至会引起抑制。要使大脑的功能一直保持旺盛的状态，就要让大脑的兴奋区和抑制区经常轮换。因此，课间 10 分钟的时候，孩子应该走出教室，呼吸些新鲜空气，活动一下筋骨，而不应该仍在教室内做功课。

节假日让孩子适当地放松。有些父母为了让孩子获得好成绩，在节假日也不放松抓孩子的学习，让孩子在家里温习功课或是去上辅导班。其实，因孩子平时高强度的学习，节假日让孩子适度地放松是很重要的，也是必需的，这样才能让孩子的身体和精神得到彻底地放松，有利于学习的进步。当然，父母要对孩子放松的方式有所选择，可以利用节假日带孩子出去玩一下，带孩子去博物馆、纪念馆、公园等，行程不要太满，重在陶冶情操、拓展视野。

保证孩子拥有充足的睡眠。专家研究表明，人们在学习一种技能时，如果能够美美地睡上一觉，第二天的学习能力会大大提高。经过了充足的睡眠，才可以让身体有机会好好地进行新陈代谢，恢复体力，提高免疫能力，并有助于加强记忆和学习能力。当然，这并不是说孩子只要睡得好，学习成绩就一定好，而是说，如果孩子的睡眠长期不好，就会影响孩子的学习成绩和对学习的积极性。

小课堂：考察孩子的学习效率

提高学习效率是一个很重要的问题。许多学生学习成绩不佳，往往原因是学习效率不高。学习效率不高往往由多因素造成。较低的学习兴趣、不良的学习习惯、身体的疾病等都能影响学习效率。父母可以从下面的四个方面对孩子的学习效率进行综合考察：

1. 时间安排方面：

孩子是否很少在学习前确定目标？比如，要在多少时间里完成多少作业？

孩子的学习是否常常没有固定的时间？

是否常拖延时间以至于作业无法按时完成？

学习计划是否只在开头几天有效？

一周学习时间是否不满10小时？

是否把所有的时间都花在学习上了？

2. 注意力方面：

孩子注意力完全集中的状态是否只能保持10~15分钟？

学习时，身旁是否常有小说、杂志等使他（她）分心的东西？

是否常与人边聊天边学习？

3. 学习兴趣方面：

孩子是否一见书本就喊累？

是否只喜欢文科,不喜欢理科?

是否常需要在强迫情况下学习?

是否从未有意识地强化自己的学习行为?

4. 学习方法方面:

孩子是否经常采用题海战来提高解题能力?

是否经常重复多次,死记硬背?

是否从未向学习好的同学讨教过学习方法?

是否从不向老师请教问题?

是否很少主动钻研课外辅助读物?

上述问题,肯定的答案(答“是”)越多,学习的效率越低。父母可以从上述四类问题中找出孩子学习上的主要毛病,然后有针对性地进行引导。

第 8 章　好习惯胜过好脑筋

教育就是习惯的培养。积千累万，不如养个好习惯。

——叶圣陶

（中国著名教育家）

良好的习惯使孩子终身受益

习惯，就是经过重复或练习而巩固下来的思维模式和行为方式，例如人们长期养成的学习习惯、生活习惯、工作习惯等。常言道：“习惯养得好，终身受其益。”

教育家叶圣陶先生曾深刻指出：什么是教育？简单一句话，就是要养成良好的习惯。孩子从小养成良好的习惯，能自然地促进他们的生长发育，自然地获得知识、发展智力。良好的学习习惯能提高效率，保证学习任务的顺利完成。从这个意义上来说，它是孩子今后事业成功的首要条件。

13 岁进入中国科技大学的少年大学生周峰，认为自己成功的秘诀就是从小养成了良好的学习习惯。周峰识汉字和记忆英语单词时，都是每天 10 个，即使走亲访友时也从不间断。就这样，一年下来，便记住了 3000 多个汉字和 3000 多个英语单词。这是他量化的学习习惯。

周峰该学习的时候就一心一意学习，该玩的时候就轻轻松松地玩。他自觉性极强，从不需要别人提醒，更不需要别人强制。

周峰听英语广播学英语，一到点便准时打开收音机，这是他定时的学习习惯。他学习时总是全神贯注，思想从不开小差，即使略有走神，也会立即做出调整。这是他专心致志的学习习惯。

俗话说：“五岁成习，六十亦然”。在上学之初就培养孩子养成良好的学习习惯，是关系到孩子一生能否取得学业成就的大事。

日本心理学家曾对小学四年级到高中三年级孩子的学习习惯做过调查。结果表明,孩子随着年龄的增长,其学习习惯的得分并不增加。据此认为,学习习惯是在小学低年级就形成了,以后如果不给予特别的教育,形成的习惯很难改进。因此,尽早培养孩子良好的学习习惯是非常重要的。孩子年龄越小,越容易养成良好的学习习惯,形成的良好习惯也容易巩固住。不良的学习习惯发现得越早,也越容易纠正。

不良习惯积累越多越不利于好习惯的建立,因为任何习惯都是比较牢固的,要想改变它,必须做出巨大的努力,花费很大的气力。例如,有的孩子形成上课不专心听讲的坏习惯,即使在老师的教诲下有了改正的决心,也会好了几天后又再犯。犯了又改,改了又犯,这需要长期的意志锻炼,有时是非常痛苦的。所以,很多父母认为孩子还只是刚上小学,年龄还小,可以放纵一些,等到了高年级再来培养他们的学习习惯,这种想法和做法是不正确的。

学习习惯的形成是一个长期复杂的过程,在这个过程中,许多父母的做法不正确,会使孩子在认识问题和思维方式上形成学习上的障碍,从而导致不良的学习习惯。

有些父母过分宠爱孩子。为了满足孩子的愿望,对孩子百依百顺,一切按照孩子的意思办。父母以为这样才是关心和爱护他们,但久而久之,孩子在这种优越的环境下,从行为上就难以约束自已,自制能力差。在学习上就会变得不思进取,没有上进心,一旦遇到挫折,就会打退堂鼓,缺乏战胜困难的勇气和毅力。

也有些父母对孩子的期望值高。父母“望子成龙”心切,只重视孩子智力方面的发展,给孩子提过高的要求,不考虑其接受和承受能力,强迫孩子学很多东西。这样就使孩子整天处在“高压”的状态下，而引发厌烦情绪，最终很可能失去追求知识的兴趣。

还有些父母喜欢包办孩子的一切事情。他们认为让孩子做除学习以外的事，就会影响和耽误学习。因此事事由父母包办，不注重锻炼他们的独立性。如渴了父母给倒水，铅笔断了父母帮着削，书包乱了父母整理。这些虽然看起来不算什么大事，可时间长了就会产生依赖心理，其结果可能使孩子做事责任心差，缺乏学习主动性，上课不注意听讲，作业马马虎虎，影响孩子学习的自觉性。

孩子处于生理、心理快速发展的重要阶段，处于形成各种习惯的关键时期。因此，父母要善于克服不正确的教育方法，采取正确的措施，帮助孩子从小养成良好的学习习惯。

那么，怎样培养孩子良好的学习习惯呢？

从一点一滴的小事做起。要使孩子养成良好的学习习惯，父母必须让孩子从点滴小事做起。例如，今日事今日毕，按时交作业，父母要抓住不放，持之以恒，一抓到底。经过长期训练，孩子便会养成好习惯。值得一提的是，在培养孩子习惯时，切忌要求过多，全面开花。这样做的结果，往往是一事无成。父母循环往复地提要求，没有一个要求落实到实处，倒有可能使孩子养成不良习惯。所以，在培养孩子良好学习习惯的过程中，父母一定要循序渐进，抓一项成一项，日积月累，逐步帮助孩子养成各种良好的学习习惯。

对孩子严格训练，反复强化。有位名人说，“游手好闲地学习并不比学习游手好闲好。”既然学习，就要认真、严格地学习。良好学习习惯的形成，是严格训练、反复强化的结果。

现代控制论创始人、美国著名数学家维纳，在回忆父亲对他早期学习习惯的严格训练时说："代数对我来说没有什么困难，可父亲的教学方法，使我精神不得安宁，每个错误都必须纠正。他对我无意中犯的错误，第一次是警告，是一声尖锐而响亮的'什么'，如果我不马上纠正，他会严厉地训斥我一顿，令我'再做一遍'。我曾遇到不止一个能干的人，可是他们到后来一事无成。因为这些人学习松懈，得不到严格纪律的约束。我从父亲那里得到的正是这种严厉的纪律和训练。"父亲严格地训练，终于使维纳养成了良好的学习习惯，成为誉满全球的科学巨人。

重视对孩子的精神奖励。人是需要激励的，孩子尤其需要激励，有激励就表明他们的努力得到别人乃至社会的承认。问题的关键是以什么方式来激励孩子。我们极力反对动辄以物质特别是金钱作为媒介来奖励孩子。因为物质奖励是有形的，这样的奖励既容易使人满足又容易使人变得贪婪。给予物质奖励的次数多了，孩子就可能变得没有奖励就不愿意做某种事，或奖励分量不足就没干劲的状态，最终形成"没奖励，没干劲"的坏习惯。基于这种认识，父母应该不提奖励提兴趣，要奖励就重视精神奖励。比如对孩子在学校取得的成就，可以采取买学习用品的方法给予奖励，如买孩子喜欢的书，这样就形成了"以学奖学"的良好习惯。

当然，良好的学习习惯不是一朝一夕就能养成，需要用毅力、耐力才能逐渐养成。因此，培养孩子良好的学习习惯应从点滴做起，从小事做起，从现在做起，要下决心，锻炼恒心，磨练意志。同时，父母要言传身教，用自己良好的学习习惯去影响、教育孩子。

改掉做事磨蹭的坏习惯

一位妈妈很为自己的女儿担忧：

我的女儿已经小学二年级了，可还是个让人心急的“小磨蹭”，做什么事都是慢吞吞的，无论是穿衣、吃饭，还是画画、写字、做游戏都慢得出奇。她的作业永远不能按时完成。每天到了上学时间，她都不能按时穿好衣服，总是要等我催促她才行动。

许多父母都有着与这位妈妈同样的苦恼：孩子动作太慢，做起事情磨磨蹭蹭，慢条斯理，消耗不必要的时间，降低做事的效率，尤其是穿衣服和吃饭等生活自理方面，显得极为磨蹭。

当自己的孩子跟同龄人相比显得动作缓慢，老师也有这样的反映时，父母就应该加以重视了。因为此时期是孩子动作发展的重要时期，动作缓慢的孩子往往容易出现不灵活、不协调的行为表现，影响今后的身体和智力发展。

孩子在学校里，如果做作业的速度太慢，就会影响学习、休息和正常的娱乐活动；考试的时候动作太慢，往往还没有做完就到了老师收卷的时间，导致成绩下降；运动的时候动作太慢，就往往不能战胜对手，让别人领先，这些都会使孩子承受巨大的心理压力。

动作缓慢的孩子的神经类型往往属于相对安静而缓慢型，这是孩子一生都不能改变的先天气质，父母对于孩子的气质只能接受并因势利导。另外，有的孩子天生大气，较为成熟，三思而后行，做事的过程中想法很多，所以也会因谨慎仔细而动作缓慢,这样的效率反倒会非常高。对此,父母需要仔细分辨判断后再对孩子的慢性子进行调理。一般来说,孩子做事磨蹭,有下面几方面的原因:

孩子磨蹭的习惯,是由孩子的生理、心理发展不平衡决定的。孩子的神经、肌肉活动还不够协调,做事情时表现为动作不熟练,即通常所说的"手笨",由于缺乏一定的生活技能导致他做事比较缓慢。

时间观念不强,也是导致磨蹭的原因。孩子由于年龄小,导致时间观念差,做事缺乏紧迫感。孩子一般需要到5岁左右才会形成时间概念,大约在8岁以后才逐渐稳定。

对学习不感兴趣。这种孩子没有从学习中找到乐趣,所以一让他写作业,他就头疼,一个人干着令自己头疼的事,他当然不会主动情愿,而是能拖则拖。

注意力不集中。这种情况在小学低年级的孩子中比较多,这些孩子由于年龄较小,他们的注意力集中的时间比较短,一般在15~20分钟左右,如果让他们连续做作业超过20分钟,他就会坐不住,写一个字走神5分钟,当然作业就拖拖拉拉了。

有些父母过多地包办了孩子的事情,也会让孩子形成拖拉的习惯。现在的孩子多是独生子女,很多事情不等他们做,爷爷奶奶、爸爸妈妈一群人,就帮他做完了。孩子如果没有接受必要的锻炼,就很难有能力快速完成某一件事,加之许多父母早上赶时间送孩子上学,一看他穿衣、洗漱太慢,就伸手替他做,会逐渐养成孩子的依赖性。于是,他做什么事都很慢,大不了有父母帮忙。

另外,父母爱磨蹭的习惯也会自然而然地传递给孩子。有些父母平时喜欢边看电视边吃饭,也有时会因为工作累而做事拖时间,这些都会在不知不觉中影响孩子，从而使孩子养成办事磨蹭的习惯。

人的生命是有限的，做事磨磨蹭蹭，往往会浪费许多宝贵的时间，对于孩子的学习也是一样的。因此，父母要善于帮助孩子改掉磨蹭的习惯。

让孩子体会到时间的宝贵。父母可以给孩子规定一分钟的时间，在这一分钟里训练孩子专心做题。比如，准备几十个简单的加减法口算题（根据年级不同，难度可以不同），规定一分钟，看孩子最多能做多少道题。让孩子感觉到一分钟都能做十多个小题，而自己写作业的时候，有时候几分钟也写不出一个小题。以此让孩子体会到时间的宝贵，原来一分钟可以做很多事情，从而珍惜时间。

让孩子自己管理时间。让孩子为自己每天的学习和生活制订一个计划，什么时间做什么事情，清清楚楚地写下来，并每天自己监督完成情况。当然，对于年龄小一些的孩子，父母可以在他订计划的时候，提一些建议，和孩子多讨论，以便他的计划能够更可行更科学。如果孩子坚持这样做 3 个月以上，孩子一定能成为一个做事有效率的人。

给孩子确定“最后时间”。有的孩子写作业拖延时间到晚上 12 点，减少了睡眠时间，导致第二天上课没有精神，降低了学习效率。如此周而复始，造成恶性循环。这个时候，父母就可以提前给孩子规定好完成作业的最后时间，到了规定时间，即使作业还没有完成，都不再写了，要求孩子必须睡觉。作业没有完成，会受到老师的批评，孩子以后就会抓紧时间完成了。当然，父母要具体分析孩子作业的量，有时候老师布置的作业超标了，就不能用这个办法。不到万不得已，不要使用这一招。

对孩子要少批评、多鼓励。批评只会强化孩子“做事慢”的心理，在他心中一旦形成“我就是做事慢”的自我概念，就很不利于培养“做事快”的信心。如果在孩子做事迅速时，父母能及时表扬，那么不但可以增强孩子的信心，而且有利于纠正磨蹭的毛病。

同时，父母要注意，孩子做事情时，父母少唠叨。如果孩子在写作业、穿衣服、刷牙、吃饭时，父母不停唠叨或插手处理，就会干扰他，让他无所适从，不仅影响做事进程，还会阻碍孩子自我能力的锻炼。

总之，对孩子的磨蹭，父母一定要用耐心和爱心帮助孩子逐步改正，不要操之过急。要注意总结方式方法，不断提高孩子做事的速度。

纠正孩子粗心的办法

孩子在学习上常常粗心、马虎，特别是在考试时，试卷上的错误很多并不是因为他不会做，而是因为粗心造成的。很多孩子很难克服这个毛病，每次考试都会因为自己“不小心”而丢分不少。父母和孩子都为此很着急。

下课铃响了，胡逸还是闷闷不乐地坐在椅子上，没有出去活动的意思。张翔——他的哥们，兴冲冲地从后排走过来，拍他肩膀，叫他一起出去玩。胡逸提不起精神，懒洋洋地拒绝了。

张翔问他怎么了。胡逸才不情愿地拿出上节课刚发下来的数学试卷。张翔看了，对他说：“不会吧，这么简单的题你都做错了！”

胡逸不高兴了：“你看看，这些题我都会做，可是就因为算错给扣分了！选择题和填空题最冤了，老师只看结果，不看过程。后面的几道大题稍微好一点，但是你看这题数列题,到第二步就开始错,只是算错了一个数字,结果就错了。平白无故失这么多分,气死我了!”

计算粗心是孩子常有的事,一般出点这样的小问题都不会放在心上。不过,有时差距就在这些小小的失误上。比如,有的孩子做题前不会认真细心审题;有的孩子做题时为了图快,在使用草稿纸时,字写得很潦草,结果出现把“2”看成“7”、个位和十位对齐等错误。

马亮是一名学习成绩极不稳定的孩子,每次考试后,各门功课到底能考多少分,他心里没一个准。偶尔,他的某门考试成绩会在年级里数一数二,令他自己也瞠目结舌;大多数时间里,他不是漏掉答案的单位、少写符号,就是审题目不仔细,看错条件而答错了题。按他自己的话说,每张考卷因马虎丢掉的分数“随便找找就一大把”。因此,每次考试前他的父母都要千叮万嘱他“仔细,别粗心”。

对于孩子的粗心,有的可能是孩子的心理原因,有的可能是外在环境原因导致。父母要针对孩子的不同特点实行不同的办法,以最贴近孩子的方式帮助孩子,使孩子粗心的毛病有所改善。

告诉孩子,粗心等于走弯路。我们在学习和生活中,要尽量少走或者不走弯路。那么,怎样才能不走或少走弯路呢？首先就要养成一件事从开始就把它做正确的习惯,不要稀里糊涂、不假思索就开始,等发现错了再改,这样肯定浪费时间。其次标准要高,养成一下子把事情做到位的习惯,这就要求做事情要认真,做完之后有检查的习惯。

父母纠正孩子的粗心,是一件细致的、艰难的、经常反复的工作,需要家长高度的责任心和耐心,不可急躁,更不可以责骂。因为被骂得情绪紧张、兴致全无的孩子只会变得更加粗心。

常常有父母因为孩子粗心而打孩子,或者一遍一遍地说孩子粗心……其实,这是在强化孩子的粗心,等于在提醒他要粗心,因为孩子的潜意识只接受有实质性意义的信息,比如说:“以后不要再这样粗心大意了!”潜意识接受了粗心大意,而那些“以后不要……”潜意识是不会接受的。

如果父母反过来做,在孩子粗心的时候不理睬他,淡化他的粗心,然后在他偶尔不粗心的时候马上表扬他,强化他的细心,这样慢慢地,孩子就会向着细心方向发展了。

注意培养孩子的责任心。粗心说到底就是责任心的问题,有粗心毛病的孩子往往习惯把学习、生活的事情,全都推给别人。一些做作业时不专心,做完作业后不检查的孩子,因为他们已经养成习惯依赖于父母帮助检查,那么父母这时就应该放手让孩子自己检查并改正错误,这样才能有助于孩子克服粗心的毛病,养成细心的好习惯。如果孩子因为粗心,作业或考试不太理想,那么,父母可以适当对他进行一点小小的惩罚。

要求孩子做事要有始有终。孩子的粗心虽然体现在学习上,可是这与孩子的家庭生活有很大的关系。要让孩子能够安静地坐下来学习,平时就要要求孩子认真地做每一件事,而且无论做什么事一定要做完。不能还没有洗完袜子就去看电视,饭没有吃完就去玩游戏,不能做什么事情都做到一半。如果对什么事情都采取一种无所谓的态度,那么他在生活与事业上是一个不负责任的人,也不可能是一个成功的人。

从小培养孩子的自制力

在美国得克萨斯州的一个镇小学的校园里，其中一个班的 8 个学生，被老师带到了一间很大的空房里。随后，一个陌生的中年男子走了进来。

他一脸和蔼地来到孩子们中间，给每个人都发了一粒包装十分精美的糖果，并告诉他们：这糖果属于你，你可以随时吃掉，但如果谁能坚持等我回来以后再吃，他就会得到两粒同样的糖果作为奖励。说完，他和老师一起转身离开了房间。

时间一分一秒地过去了。这粒糖果对孩子们的诱惑也越来越大，几乎不可抗拒。有一个孩子剥掉了精美的糖纸，把糖放进嘴里并发出“啧啧”的声音。受他的影响，有几个孩子忍不住了，纷纷剥开了精美的糖纸。但仍有一半以上的孩子在千方百计地控制着自己，一直等到 40 分钟后那个陌生人回来。当然，那些付出等待的孩子得到了应有的奖励。

后来，那个陌生人跟踪这些孩子整整 20 年。他发现，能够“延迟满足”的学生，数学、语文的成绩要比那些熬不住的学生平均高出 20 分。参加工作后，他们从来不在困难面前低头，总是能走出困境获得成功。

以上是心理学上一个著名的实验——糖果实验。这个实验表明，很多成功的人，都能够控制自己的欲望，延迟满足。

生活中，我们经常听到有的父母抱怨自己的孩子自制力差。比如，上课时做小动作；一回到家就看电视；一写作业就坐立不安；喜欢吃零食，控制不住花零花钱的速度等等。

一位儿子正在读小学的妈妈感到很迷惘:

我现在最头疼的就是,儿子完全没有自制力,就知道玩。每天晚上如果我们不督促,他的作业从来不写,或者敷衍两下。一会儿没看着他,他就开始摸摸这儿,摸摸那儿,发发短信,看看小人书。他从小学习都是这样,抽一鞭子走一步。我们晓之以理、动之以情,他都无动于衷;生气时打他骂他,他也没改进。我们应该怎么做?

孩子自制力差,做父母的都很着急。其实,孩子自制力的形成有一个过程,那就是从“他制”到“自制”。一般来说,小学阶段是锻炼孩子自制力的最佳时机,错过了这个年龄阶段,再锻炼孩子的自制力就要花费更多的时间和精力了。如果孩子在小学阶段就慢慢形成了很好的自制力,对于他们以后的学习和成长有极其重要的作用。

通过与他人的合作来锻炼孩子自我控制的能力,这也就是上面所说的“他制”。可以通过父母、老师、朋友、同学等来进行,要根据具体情况具体实施。因为孩子心理发展的特点,其自制力是相当薄弱的,如果这时候没有外力的促进与监督作用,除非他们有过人的意志力,否则,是不可能自行形成良好的自制力的。比如,有个孩子在上五年级时,父母给的零花钱是有限的,但他经常买零食吃,月初给的钱两三天就花完,以后的日子就只有馋的份儿了。于是,他就请好朋友帮忙替自己保管零花钱,每天给一定的数目。这样,就很好地锻炼了自己的自制力。

学会去接纳孩子的过失。当孩子做出一些缺乏自制力的事情时,如:孩子放下作业或停止吃饭跑过去看动画片、打坏东西、弄脏衣服等，父母应当“暂时接纳”孩子的这些行为，在学习、吃饭时间与孩子爱看的动画片时间，有选择地陪伴孩子看一些有意义的动画片，并耐心地对他讲明道理，决不能以粗暴的方式对待有过失的孩子，或者一味地拒绝孩子看电视。否则，会使孩子产生逆反心理，弄巧成拙。

把孩子长远的目标具体化。心理学研究表明，人很容易受短期的、比较具体和明确的强化物所左右，而不容易受遥远的、比较抽象和模糊的东西所影响。学习虽然意义重大，涉及孩子未来的生存和发展，可对孩子来说，毕竟是比较遥远和抽象的；而看电视、吃零食之类的事情是一种非常明确的诱惑，使孩子获得及时的满足，所以孩子常常不能抗拒后者的吸引。为此，就特别需要父母想办法，把一些长远的目标具体化，增强它们的激励性。

把一些原本属于孩子的责任还给孩子。有的父母出于各种担忧，负起了孩子本应负的责任，那么孩子就乐得清闲。如果父母总是催促孩子去学习，孩子可能会觉得你不信任他，怀疑他的能力和自觉性，怀疑他处理不好自己的事情。既然不信任他，他就自暴自弃，故意做事拖拉、失败，甚至真的开始对自己失去信心了。每个孩子都是有自制力的，只是被你的“不信任”掩盖了。如果你相信孩子的能力，别再事事替他做决定，放手让孩子自己去发展，那么，孩子自然就会发展出自制力了。

作为父母，要知道对孩子适时的鼓励是非常重要的。如：“孩子，我相信其实你是有能力按时做完作业的。从前妈妈是过于担心了，今天让我们一起来看你是不是可以独立完成？”哪怕孩子又失败了，也不要急着去责备孩子，或者对孩子再次失望。去寻找孩子的进步,哪怕是态度上有进步也值得表扬。只有永远相信孩子,孩子才会感受到你对他能力的认可,这样他才会承担起自己的责任。

计划也可以灵活地变化,尽量让孩子学好,也玩好。比如,正在做作业的时候,有同学邀请孩子去活动。这时就不要拘泥于原计划,可以灵活地变通一下,把内容作个替换。比如,孩子打算和同学出去玩两小时,那么,回来后,一定要补足这两小时的学习时间。如果孩子有难得的机会出去和同学玩,而父母却为了要求按原计划必须这个时间写作业,那么,等写完了,孩子也失去了和同学活动的机会,孩子心中肯定会失落、生气、反叛或接下去不再履行原计划。

孩子的自制力的形成都有一个过程,不管是父母还是孩子都不要急于求成。另外,孩子自制力的形成过程中可能会有反复的现象,遇到这种情况,父母应该坐下来和孩子一起分析原因和对策,而不是简单粗暴地批评。

虚心向他人请教

知之为知之,不知为不知。对于自己不知道的事情,就要虚心求教。只有谦虚好学,不耻下问的孩子,知识才会丰富,本领才会增强,长大以后才会更具竞争力;而自以为是,认为自己比任何人都高明的孩子,只会聪明反被聪明误,自我感觉良好,事实上并不如此。

一位正在读初一的孩子曾经讲过这样一段自己的经历:

一次,老师将批好的数学试卷发下来让我们自己先更正,我有一道应用题错了,可我怎么想也解答不出正确的答案来,正在我苦思冥想的时候,我发现我的同桌竟然做对了。

我心中一阵暗喜:对,不如问问他怎么做吧！但转念一想,他平时成绩比我差,作为一名成绩优秀的学生去向一位比自己差的学生请教,那不是很没面子吗？说不定同学们还会笑话我呢！还是自己动脑筋想吧！

可我想啊想,还是想不出来。这时同学们已陆续将订正好的试卷拿给老师批了。没办法,我只得硬着头皮,轻声问道:"请问,这道题怎么做,我实在想不出,你能教教我吗?""好!"他干脆地答道,丝毫没有笑话我的意思。

于是他用手点着这道应用题,一边读题一边给我分析题意,讲解解题方法,还不时地问我:听明白了吗？我认真地听他讲。

就这样在同桌的耐心指导下,我终于将这道应用题解答出来了。以后,有不懂的地方,我也会问他。我觉得向别人请教,并不是一件不光彩的事情,没什么不好意思的。而事实也证明,同桌的态度很好,很愿意告诉我。

一个人不可能什么都懂,在学习上总会遇到这样或那样的困难,此时虚心向别人求教,别人不仅不会看不起自己,反而会觉得你很真诚,很谦虚,会给别人留下很好的印象。同时,得到他人的帮助,你才会由不知到知,你的知识就会越来越丰富,头脑也将变得越来越聪明。

上述故事中的孩子开始不敢向比自己差的同桌请教问题,原因在于他的虚荣心作怪。他怕老师和同学看不起自己,这种现象在那些学习较好的孩子中比较多。

有些孩子过于害羞,虽然学习上有许多没有搞懂的问题,但也不敢问老师或同学;有些孩子太爱面子,喜欢打肿脸充胖子,不懂也装懂,不会的东西从来不向别人请教;还有些孩子学习心里没数,自己都搞不清楚哪些地方懂,哪些地方不懂,似乎什么都懂一点,但又没有完全掌握。

其实,学习本身是一个不断提高自己、不断完善自己知识的过程,圣人都说“三人行,则必有我师”,何况还在求学中的孩子。因此,父母要提醒和鼓励孩子多向他人请教,只要他们突破第一次,几次之后,就会养成虚心向他人讨教的好习惯。

另外,在鼓励孩子敢问的同时,还要教会孩子会问。要让孩子在独立思考的基础上问,敢问不等于依赖。有时,有的孩子问你一些问题时就可以迅速地做出判断:他没有认真看书,更没有认真思考。这个时候,如果孩子提问,可以先不回答,而是让他自己去看书,去思考。也就是说,没有经过自己的独立思考是没有资格提问的。

在请教别人之后,父母还要教会孩子去认真分析在学习中出现问题的原因,分析自己为什么不能独立解决问题,注意别人在解决这个问题时的思路,学习他们考虑问题的方法。这样做,可以逐步提高孩子学习的自觉性,不断加强独立解决问题的能力,而且以后提出的问题也会越来越有深度。

绝不因懒惰而拖延

很多孩子由于懒惰,会有意或无意地将本该当天完成的事拖到第二天。到了第二天,发现要做的事又增加了不少,于是又将其中的一部分事情拖到了第三天。这样以此类推,发现手头总有做不完的事,于是心烦气躁,却也无可奈何。

他们抱怨自己的时间不够用，却不知道正是因为自己的拖延造成了事情越积越多的结果。

高峰在父母眼里，绝对是个听话的好孩子，学习成绩也很优异。

本来他是一个爱说爱笑的孩子，但是最近却总是愁眉苦脸，满怀心事，而且还经常说一些使自己泄气的话，比如“唉，我怎么这么没用啊”“累死了，真不想学了，没意思”……

妈妈发现了儿子的异常，于是把高峰叫到跟前，仔细询问。

高峰一副苦恼的样子，说：“这学期开始，我制订了详细的计划，包括各门功课应该实现什么样的目标，在班上争取到什么名次等等。为了实现这些目标，就连每天的什么时候要做什么事，我都作了明确的规划。我还分科独立制订目标，一门功课一张表。但是，令我苦恼的是，这个计划仅仅执行了一周，就进行不下去了。有时候忘记了某个时间该做的事情，计划就被完全打乱了，于是下面的也没心思做了；有时候感觉很累，就对自己说明天再做吧，可第二天的计划又完不成……我应该怎么办呢？”

高峰的计划执行一周就出毛病了：今天打了半天篮球，特别累，休息一下，明天再学；明天晚上有足球赛，算了，明天再说吧……

每个孩子的脑海里都可能藏着一个或多个早就应该付诸行动的计划，也许是写一篇文章，也许是进行一次锻炼，也许是将成绩提高 10 分等。可总是拖拖拉拉，没有马上付诸行动，于是就导致了计划的失败，学习驻足不前。

一位心理专家曾告诫人们：“要明白时间的真正价值。要摄取、抓住并享用它的每一刻。勿游手好闲，勿慵懒怠惰，勿推脱延误。今日能做之事，切莫拖到明天。”今日之事今日毕，并非单指今天的事别拖到明天，它同时也包括了不轻易拖延每段时间之意。父母要想帮助孩子养成“今日之事今日毕”的学习习惯，就要做到以下两点：

1. 制订规则，约束自己。

也许“今日事今日毕”的重要性，孩子都明白，但就是做不到，那父母就要从孩子的自控能力上下工夫了。对待这些意志力不坚定的孩子，一位母亲是这样做的：

我知道女儿在这个年龄段做事最容易拖拉，于是我提前给女儿打“预防针”，我经常这样问她：“如果到了该锄草的时候，农民不去锄草，会出现什么情况？”

“那杂草会在田地里越长越多，最后会影响收成。”女儿认真地说。

“那如果今天应该做完的事情，很多人却常常会拖到明天去做，会出现什么情况？”

“那这些人只能是越来越懒惰了。”

“那如果这种情况发生在你身上，为了防止你变懒惰，妈妈应该如何帮助你呢？这样吧，你自己订一个规矩，告诉妈妈应该如何帮助你？”

“那好吧。”女儿一口答应了。

结果，女儿自己订下了以下这一规矩：如果以后我今天的事没有完成就去睡觉，我赋予妈妈权力，妈妈可以这样对待我：提醒我把今天的事情做完，否则不允许我睡觉；如果我耍赖，妈妈可以以后不理我，让我尝尝苦头；当然，妈妈最好是采取措施，让我快乐地把事情去做完。

有了这个规矩，女儿很少再出现拖拉的现象了，而且基本上已经做到了“今日事今日毕”。

父母要想让孩子做到“今日事今日毕”，必须要给他们制订一定的规则，而这一规则的制订人最好是孩子自己。制订了规则，对孩子就有了一定的约束，能够督促孩子按照规则来学习。当孩子没能做到的时候，父母就可以坚持原则，按规则办事，培养孩子养成好的习惯。

2. 抓紧时间，及时行动。

时间是不会等人的，决断好了事情拖延着不去做，会对孩子的一生产生不良的影响。只有及时行动起来，才能有所收获。

安乐尼·吉娜是纽约百老汇中年轻而富盛名的演员之一，她的成功之路得益于及时行动。

几年前，吉娜是大学里艺术团的歌剧演员。那时她就向人们展示了一个美丽的梦想：大学毕业后先去欧洲旅游一年，然后要在百老汇成为一位优秀的主角。

第二天，吉娜的心理学老师找到她，尖锐地问了一句：“你旅游后去百老汇跟毕业后去有什么差别？”吉娜仔细一想：“是呀，赴欧旅游并不能帮我争取到百老汇的工作机会。”于是，吉娜决定一个月以后就去百老汇闯荡。

这时，老师又冷不丁地问她：“你现在去跟一个月以后去有什么不同？”吉娜想准备一下就出发。老师却步步紧逼：“所有的生活用品在百老汇都能买到，为什么非要等到下星期动身呢？”

吉娜最后说：“好，我明天就去。”老师赞许地点点头，说：“我马上帮你订好明天的机票。”第二天，吉娜就飞赴纽约百老汇。当时，百老汇的制片人正在酝酿一部经典剧目，有来自各国的几百名演员前去应征主角。

吉娜费尽周折地从一个化妆师手里拿到了即将排练的剧本。在这以后的两天中，吉娜闭门苦读，悄悄演练。初试那天，吉娜以精心的准备出奇制胜，顺利地进入了百老汇，穿上了她演艺人生中的第一双红舞鞋。

英国生物学家赫胥黎曾说：“时间最不偏私，给任何人都是二十四小时；时间也最偏私，给任何人都不是二十四小时。”每个人每天拥有的时间都是一样多，但时间却会因你对它的态度而给你不同的结果。对于珍惜它的人，它会在你的生命碑石上刻上辉煌的一笔；而对于那些将其肆意糟蹋的懒汉，它只会让其活得越来越累。

让阅读成为孩子的爱好

读书，是一种爱好，也是一种习惯，只要从小培养，书就会成为孩子最知心的朋友，有利于提高孩子的语言能力和思维能力，帮助孩子更好地学习与成长。

王女士常常为女儿不爱读书而烦恼：

她的女儿今年 14 岁，从小学到现在，学习成绩都很好，还经常得到老师的表扬。可是有一点让她不太满意，就是每次放学回到家里，女儿就守着电视，除了把老师安排的作业做完外，从来都不看书。家里书柜里的书，女儿也从来都不翻一翻，她每次劝女儿多看点儿书，增长见识，女儿总是顶嘴说，“妈妈，你觉得是学习重要还是让我快乐重要啊？”“好不容易放学了，你还不让我休息休息？”每当女儿这样说的时候,她也不知道该怎么说了。

很多孩子都像王女士的女儿一样,除了完成老师布置的作业外,再也不去看课外书了。这是因为孩子还没有对阅读产生兴趣。

一些父母把阅读看成是一件很严肃的事情,孩子还没有捧起书来,他们就已经给孩子规定了要看什么书,不能看什么书,什么书一定不能买,什么书看见就必须没收。结果,孩子的阅读兴趣没有调动起来,反而会对阅读产生心理负担。虽然说,让孩子阅读的图书,一定要是对孩子有教育意义的好书才行。但是,对于孩子来说,激发和保护孩子的阅读兴趣,也同样很重要。

也有些父母为孩子准备了很多的图书,孩子对图书也非常感兴趣。但是,孩子在看书的过程中,也存在着一些父母必须加以重视的问题,那就是不会看书。有的孩子拿着书乱翻,只看见孩子一页页地翻书,眼睛却没有看到书上;有的孩子就只看一眼,就赶紧翻过去,第一面没有看完,就赶紧翻后面的,书中讲了什么内容,他也不关心,一本书看过了,结果却什么也记不住。因此,做父母的,不能只给孩子买书,还要善于指导孩子去阅读,培养孩子良好的阅读能力。

那么,父母应当怎样帮助孩子养成良好的阅读习惯呢?

为孩子树立良好的阅读榜样。在家里,父母应尽可能多地和孩子在一起看书,做孩子的阅读榜样。同时,还可经常与孩子在一起交流读书的方法和心得,鼓励孩子把书中的故事情节或具体内容复述出来,把自己的看法和观点讲出来,然后大家一起分析、讨论。如果经常这样做,孩子的阅读兴趣就可能变得更加浓厚,同时孩子的阅读水平也将逐步提高。

给孩子创造良好的阅读环境。要想将阅读变成生活中的一个习惯,就要将阅读融入生活中的任何时间和任何地方。有人将阅读划分为图书馆、书房认真研读的“桌上书”，随时随地翻阅的“口袋书”，睡前床上浏览的“枕边书”，从而把阅读行为渗透到人们一天生活中的不同时段。为激发孩子的阅读兴趣，要在家中摆满各种有趣的书籍，让孩子顺手拿来翻看与欣赏。

帮助孩子选择合适的图书。买合适的课外书籍，为孩子添购爱读的图书，营造书香家庭的氛围。父母要从孩子的认知特点和兴趣出发，为孩子精心选择适宜的读物。孩子的阅读兴趣具有很明显的年龄差异，小学低年级儿童对童话故事比较感兴趣，中高年级对战争题材的故事、人物传记及惊险神秘的科幻故事感兴趣。父母不妨根据孩子的这些心理特点购买图书。

掌握循序渐进的规律。想让孩子掌握正确的阅读方法，父母要先进行引导与训练，然后才能放手。在孩子的阅读过程中，要采取先易后难、先略读后精读、先单篇文章后成本著作的原则，同时也要坚持好书多多益善的原则，孩子阅读能力的提高需要在大量的阅读实践中完成。

不宜对孩子的阅读过程管得太死。好奇、好动、缺乏耐心和持久力是孩子普遍的心理特点。他们喜欢的阅读方式是一会儿翻翻这本，一会儿翻翻那本。对此，父母不必过多的去管他。通常，在这一阶段，只要是孩子愿意把一本书拿在手上津津有味地翻看，父母就应该感到心满意足了。因为，这类表现完全符合孩子的早期阅读心理，是孩子在阅读求知的道路上迈开重要一步的标志。

教会孩子写读书笔记。在孩子刚开始阅读的时候，父母为了督促他，可以为他做记录：孩子读了什么书，什么时间读的，读完后的收获是什么，这样孩子会有一种成就感。有条件的家庭可为孩子建一个读书博客，父母经常浏览，并提出阅读建议,发表评论,让孩子不断得到鼓励,对孩子今后回顾自己的阅读经历,无疑也是一种绝佳的体验。

减少孩子看电视、上网的时间。要想让孩子多读书,就要减少消耗在看电视、上网玩游戏方面的时间,这对很多孩子来说会比较困难。但是如果能克服最初的诱惑,孩子的读书时间就会成倍地增加,这样孩子就能有时间读更多的文章,阅读量的增加,会让孩子获得更多电视或网上所给予不了的知识和满足。

小测试:孩子有良好的学习习惯吗?

美国心理学家威廉·詹姆士说:“播下一个行动,收获一种习惯;播下一种习惯,收获一种性格;播下一种性格,收获一种命运。”就是说习惯是可以决定一个人的命运的。

学习习惯是指孩子在学习活动中形成的固定态度和行为。一个人成功与否,主要不是因为他的智力,而是取决于他是否具有良好的习惯。要想在学习上取得成功,那就得养成良好的学习习惯。

本测试共 16 道题目,每题都有三个备选答案:A、是 B、有时如此(或不一定)C、否

1. 我会在固定的时间进行学习。

2. 我学习时周围必须很安静。

3. 我经常查用辞典、字典等工具书。

4. 我学习时会有一些下意识的动作。

5. 我在按自己制订的计划学习。

6. 我在学习中经常会沉迷于空想。

7. 学习结束后,我会收拾书桌。

8. 我有一边看电视一边学习的时候。

9. 发回的试卷,我自己能认真总结、分析缺陷。

10. 我经常“平时不烧香,考前抱佛脚”。

11. 我认为自己的预习效果不错。

12. 我不感兴趣的课程就不愿下大力气去学。

13. 我对所学的知识能够立即复习。

14. 即使有不明白的问题,我也不愿去向老师请教。

15. 即使有我喜爱的电视节目,我也要坚持完成当天的学习任务再去看。

16. 我经常有对书本毫无兴趣而浪费时间的现象。

评分方法:奇数题选 A 记 2 分,B 记 1 分,C 记 0 分;偶数题选择 A 记 0 分,B 记 1 分,C 记 2 分。将各题分数相加,得出总分。

总分在 27 分以上,表明你的学习习惯非常好;22 ~ 26 分,学习习惯较好;16 ~21 分,学习习惯一般;15 分以下,你的学习习惯很差,需要改正。

第9章 考试不是学习的目的

我确实相信：在我们的教育中，往往只是为着实用和实际的目的，过分强调单纯智育的态度，已经直接导致对伦理教育的损害。

——爱因斯坦

（美国物理学家、思想家、哲学家）

提升孩子的应试能力

常常有很多父母认为，要对孩子进行“素质教育”，但却认为“素质教育”对孩子“应试能力”的提高是没有意义的。他们把“应试能力”排除在素质之外的看法是很片面的。有教育专家指出：应试能力本身就是素质教育的一部分。一个人如果没有应试能力，没有竞争的能力，没有参与竞赛的能力算什么素质高呢？一个运动员参与能力不强，竞赛能力不强，怎么能获得冠军呢？因此，培养应试能力与素质教育并不是绝对矛盾的。

要想更真切地理解两者之间的关系，我们首先要对“素质”有个更深层次地理解。

所谓“素质”，通常具有两个层面的含义：第一种含义是生理上的“素质”概念，主要指一个人天生的感知器官、神经系统，又称遗传因素或天赋；第二种含义是教育的实质，也是社会学上的“素质”概念，主要指后天社会性的一面。素质是在先天某些因素的基础上，主要通过后天教育和环境影响而形成的一系列知识技能、行为习惯、文化涵养、品质特点的综合。换句话说，人的素质是指人的发展总水平，是人的诸种属性的综合，是由各种品质构成的整体结构。

先天获得的遗传素质是后天形成基本品质的物质前提，而后天的环境与教育则是先天遗传素质能否发展的条件。例如：一个先天的聋哑人，当然不可能成为一名音乐家。但假如一个人的音乐天赋再好，却没有得到后天的培养，也不可能成为一名音乐家。

为了获得好的后天培养，必须通过考试。好的应试能力则使孩子获得好的后天培养的机会，使他能够充分发展自己先天获得的遗传素质；反之，应试能力不好，就不可能获得好的后天培养的机会，即使先天遗传素质再好，也不可能得到充分的发展。

提倡对孩子的素质教育实际上就是要使每一个孩子先天获得的遗传素质得以充分的发展，同时使他们获得当今社会所需要的各种品质。

因此，父母在教育孩子的过程中，要明白应试能力也是一种重要的素质，不能将“素质教育”和“应试教育”对立起来，而要将其协调起来。

一名正在读初三的孩子非常苦恼：

我在班级中的学习状况一直很好，平时的单元测验也不错，每次都能拿到名次。但在期中、期末的考试时，成绩一直不理想。这次的期中考试，我考得十分不好，平时测验没我好的同学甚至追上了我。爸妈看见我的分数很着急，我自己也着急。再过半年的时间，我就要参加中考了，万一在中考时我又发挥不正常，那我努力读了九年的书不就白费了吗？为此我自己也找过原因，但我找不到。爸妈问我考试时紧不紧张？老实说，考试时我一点也不紧张，但就是考不好，不能把自己的水平发挥到最佳。不知道是怎么回事。

每个孩子都希望自己考试能够应付自如，发挥出色，这种心情是很正常的。平时的学习状况，确实是影响其考试成绩的较为重要的因素。当然，考试时是否过分紧张，这也是一个影响因素，但这些都仅仅是影响因素的一部分，并不是全部。事实上，“应试能力”是孩子的综合素质在考试这种特殊状态下的反映。考试在浅层次上检验的是“应试能力”，在深层次上检验的是孩子多方面的素质。

首先,考试检验了孩子的学习能力。卷面上的知识是孩子学习能力的成果,考试不仅考查了孩子吸收知识的能力,更要考查孩子运用知识的能力。这种能力不仅是为考试所需要的,也是孩子应对人生的最基本素质。

其次,考试检验了孩子的心理素质。不管怎么说,考试在绝大多数孩子和父母眼里都相当重要。孩子的心理素质能不能过关,考试是最好的"检测器"。通过了考试这一关,孩子的心理素质就达到了一个更高的层次,就有了从容应对人生中各种考验的良好心态。

再则,考试还检验了孩子面对大事时调整状态的能力。为了能够考好,孩子必然要设法将自己调整到最佳状态。

因此,考试既是一种总结,对前一阶段学习的总结;同时也是一种检验,对孩子多方面素质的综合检验。那么,怎样才能提高孩子的应试能力呢?

所谓"应试能力",按字面理解就是应付考试的能力。孩子的应试能力通常包括基础知识、学习能力和应试技巧。

大部分孩子,在小学阶段是并驾齐驱,难分高下的,可到了中学,差距一下子拉大了。拉大的原因主要是学习能力和应试技巧,这种情况越到高中越明显。比如,有个叫小旺的孩子,从初一开始就是班里的第一名。可到了高中,成绩每况日下,最终由于压力过大,患了神经衰弱症。休学一年后勉强进了一所专科学校。

像小旺这样的例子有很多。他们的问题不是出在智商上,要知道,初中的考试没有一定智商做基础的话是很难考出好成绩的。他们的问题主要出在学习能力和应试技巧上。

如果一个人不具备良好的学习能力，是很难产生持续高效的“应试能力”的。“应试能力”是刃，“学习能力”是刀，没有“学习能力”作基础，“应试能力”就无从谈起。关于“学习能力”在本书的第五章中有具体的方法可以参考。这里着重就应试技巧方面给予具体的几点建议：

注重对课程的总体掌握程度。平时的单元测验，是用于考察孩子对书本某一章节的掌握程度，单元测验成绩仅仅反映孩子某个单元学得怎样，而期中或期末的考试是考察孩子对这门课程的总体掌握程度。因此，两者之间的考题类型及难易程度是有差异的。考试常会出现一些需融合各章节知识点才能解答的题目，而这类题目在整张考卷中往往又是占较大比例分数的。孩子缺乏融会贯通、举一反三的能力，那么，单元测验的成绩就无法直接与大考成绩划等号。

帮助孩子做好考前复习。考试成败的关键在于复习，要把握好复习的重点和方向，有效地进行考前复习。帮助孩子制订好一个短期复习计划，组织利用好复习材料，有重点又要全面，注意强化训练。父母应该做的是，帮助孩子正确估计自己的知识与能力，以自信、稳定的心态来复习。这样就可以更有效地掌握所学的知识，提高考试能力，考试时就能正常或超常水平发挥，获得好成绩。

有针对性地做题。有些孩子对“做题”理解得比较片面，老师布置的习题做完了就做教辅材料上的，以为只有多做题考试才能“无往不胜”。适度的练习是好事，但凡事过犹不及。没完没了地做题，并不见得覆盖了所有知识点，可能只是无谓的重复劳动，时间长了心情也变得很焦灼。其实，真正考出好成绩的孩子，诀窍不在于题海战术，而在于有选择、有针对性地做题，善于梳理思路，通过同类的题型提炼规律性的解法。归纳汇总能力强的孩子，可能只做 3 道题，就能总结出别人做30道甚至100道题也没有摸清的规律。

保证孩子的身体健康。临考前给大脑补充营养非常重要,而且身体需要大量的热量,要多吃清淡、鲜美可口、易于消化吸收的食物。还要要求孩子注意考前休息。复习时身体能量消耗大,让孩子尽量保持平时的生活作息习惯,身体精神充分放松,适当减轻学习负担。每天做适量的运动,但运动量不宜过大,可以散步、慢跑、打羽毛球、打乒乓球等。要保证充足的睡眠,这样不仅可以提高复习质量,以饱满的精神、良好的心态参加考试,而且在考场上,清醒灵活的大脑也有利于高水平的发挥。

很多孩子在考试的时候会有怯场的现象,父母也需要教会孩子一些克服考试怯场的方法,即考场上的"克拉克现象",这一点在下一节文章中有详细地论述。

另外,需要父母注意的是,虽然培养孩子的应试能力是培养孩子的素质能力的一部分,但千万不要为了考试而考试,以免培养出一些"高分低能"的孩子。如果把孩子培养成除了考试什么都不会的人,则是做父母的一种悲哀。

克服考场上的"克拉克现象"

英语考试马上就要开始了,天气有些闷热,加上有些紧张,王明觉得喘不过气来。他玩弄着手中的笔,等待着监考老师发试卷。

试卷一发下来,王明就急不可待地看了起来,为了充分利用时间,他跳过听力部分,着手做后面的题了。监考老师来到他身边,警告他说:"还没到动笔的时间，等铃声。”王明停住了笔，想起老师的警告，顿时又紧张起来了。他勉强自己看试卷，但是不动笔就看不下去，他觉得自己呼吸困难，心跳加速。

铃声响起来了，同学们都投入到听力考试中，王明由于紧张，没有听清第一道题，答案一时选不下来；第二道题又开始了，还是没听清。王明越来越紧张，越来越听不清了。他开始发晕、冒汗，20 道题的听力，没有几道是听得清楚的，简直是一塌糊涂。

这次的考试肯定是砸了，王明的心里惴惴不安。听力考试严重干扰了王明的考试状态，试题似乎也越来越难了。阅读理解，似乎每个单词都认识，但就是看不懂，完完全全被蒙住了。看不懂当然没法做题了，只好重看，一篇文章看了两三遍还不知道说些啥，选答案的时候没有一个有把握的。交卷铃声响了，20 分的作文题，王明只字未动。

多么失败的一次考试，王明无精打采地走出了考场。

很显然，这次考试王明怯场了，这样的状态下参加的考试，成绩可想而知。这种现象，从心理学的角度来看，被称为“克拉克现象”。

“克拉克现象”本意是指平时训练水平高、成绩好的运动员在比赛场上屡屡失常的现象。其由来是一位名叫克拉克的澳大利亚长跑健将，他曾 17 次打破世界纪录，被称为田径场上的奇才。然而在他运动巅峰期间的两届奥运会上，却连连发挥失常，与金牌无缘。由此，人们以这位运动员的名字来形容大赛中的失常现象。

其实“克拉克现象”并不奇怪。据心理学家测试，75% 的孩子临考前都有紧张、焦虑、恐慌等情绪。面对考试，孩子的精神压力很大，心理负担也很重，因此容易怯场。如：一进考场便心跳加快，头脑晕乎乎的，面对试卷，脑海中一片空白；一走出考场，又感到题都会解，但一切已追悔莫及。考试结果也说明，许多孩子没有取得好成绩，并不全是因为考题太难，而是因为思想过于紧张，从而导致记忆混乱、思维阻滞而发生失误。可见考试不只是对孩子基础知识和基本技能的考验，更是对孩子有无良好心理素质的考验。

孩子产生怯场的原因，很多时候来源于父母的期望值太高，而且父母常常会把这种期望变成了言语、行动，不断给孩子施加压力。比如，很多父母经常对孩子念叨"你一定要考好，考好了有奖励。""考不好就是没出息。""父母的希望全在你身上，考不好就全完了。""考不好，回来跟你算账"……而且在行动上重点保护，准备营养品、补脑液、高级饮料……这些言行成为有形和无形的压力，集中进到孩子脑子里去。

蔡达是六年级的孩子，马上就要进行毕业会考了。爸爸妈妈近来全心全意地为他的会考做准备，也做了很大的"牺牲"。

为了让孩子集中精力做考试前的复习工作，他们晚上连电视都不看了。"新闻联播"一结束，就将电视关掉。家里静悄悄的，只有蔡达一个人发出一些翻书的响声。

每晚10点，妈妈准时为蔡达做好宵夜。她语重心长地对蔡达说："多吃点营养的东西，对大脑有好处。争取考试能考好啊。"

"爸爸妈妈吃苦受累不算什么，只要你自己能够体会这一番苦心，好好学习，争取考入重点初中，我们也就心安了。"

蔡达的父母在蔡达考前所做的准备有对的地方，也有不合适的地方。比如，为蔡达创造了良好的学习环境,做好充分的物质准备等等,这些都有益于蔡达的复习。但是,有些地方也是需要推敲的。首先,父母一反常态的家庭环境有可能会使孩子感到不习惯。一是打破了他已有的思维环境;二是增加了他的心理负担。其次,父母将全部希望都寄托在孩子身上,无疑会增加孩子对考试的焦虑。这样,既影响他在复习期间的学习,又会影响他在考场上的正常发挥。父母的这种方式并没有给孩子以有效的帮助。

其实,面对孩子的考试,无论这次考试是多么的重要,父母只要保持一颗"平常心"就足够了。孩子希望父母能够提供一个较好的学习环境和条件,但不希望父母刻意这么做,更不希望父母以此来对他抱有格外的期望。

学习是孩子独立自主的活动,一般而言,父母无法帮助孩子学习。但是,如果在孩子的复习阶段,父母能够有意识地在学习上给孩子提供一些合理的建议,对于增强孩子的自信心有很大的帮助,从中,孩子也能体会到父母对自己的真正关心。

在考试的时候,有些孩子一看到监考老师严肃的神情和考场上紧张的气氛,便有如临大敌之感,再加上平时学习成绩不够稳定,便容易产生怯场心理;有些孩子自信心不足,对自己的学习成绩缺乏正确评价,总是怀疑自己的能力,担心过不了考试关,一上考场就心慌意乱;还有些孩子身体素质差,考前过度疲劳,睡眠不足,营养不良等,都有可能导致孩子怯场,出现"克拉克现象"。

为了帮助孩子克服"克拉克现象"的发生,父母要帮助孩子放松焦虑的心情,保证孩子轻松上考场。具体做法如下:

做好考前准备,按考试要求去答题。有些孩子之所以怯场是因为准备工作不充分，引起了不必要的紧张。比如事先不去了解考场，匆匆忙忙地找考场；还有的孩子考试迟到，或忘了带全考试用具；相当一部分孩子则是不按要求办事等等。文章开头提到的王明便是这样的一个孩子，为了抢时间而引来不必要的麻烦，影响了自己的考试情绪，这其实是一种极不合算的做法。

认识自己，正确对待考试。孩子的水平是客观的，只要认真复习，做好考试准备，能考出自己的实际水平就行了。孩子有时对自己的水平认识不够，自我期望过高，甚至有侥幸心理。有的孩子总担心出错，进考场就紧张，一旦看见了熟悉的题目，紧张情绪加剧，导致一连串的失误。父母应在少给孩子压力的同时，让孩子正确对待考试。考试就是考查学习水平，父母要告诉孩子不要给自己定太高的目标，考试遇见不熟悉的题目是正常现象，对每个孩子都是可能的。

运用“转移注意”和“自我暗示”的方法，缓解紧张情绪。转移注意就是暂时地强迫自己把注意力集中在考试以外的事物上，使紧张程度缓解。比如，当心里过于紧张时，认真听老师讲考试注意事项，观察老师的服饰、表情，想一小会儿最感兴趣的事情等等，都会使自己平静下来。自我暗示就是在心里自己提醒自己：我是很镇定的，呼吸多么平稳，头脑也很清楚……这种反复提醒也有助于缓解紧张情绪。

帮助孩子掌握解题的技巧

学了就要用，通过应用才能进一步加深对知识的理解，才能在一道题面前，正确有效地进行观察、剖析、制订方案，加以解决，从而提高分析问题和解决问题的能力。

对于学习不理想的孩子来说，做题是关键性的能力。只有具备了做题的能力，才能加深对知识的理解和掌握，最终把学习搞好，真正提高学习成绩。做题的真正目的不仅仅是运用知识和积累经验，更重要的是形成能力。所以，作为父母要帮助差生孩子在做题过程中不断提高自己的能力。

帮助孩子掌握一定的解题技巧，可以使孩子在考试中游刃有余，正常或超常发挥自己的水平，获得良好的考试成绩。

1. 答题前要纵览全卷。

有的孩子拿到试卷后，不看全卷，从第一页的第一题开始答，他们害怕看到后面不会的难题，而干扰自己前面答题的情绪。这种想法其实是没有道理的。因为如果前面遇到难题，可能以为后面也全是难题，答卷情绪同样不佳；甚至还可能出现答前面的难题用了过多的时间，而到快交卷时，后面容易的、会解答的题却没有时间去解答的情况。

因此，要教会孩子领到试卷后，先用几分钟时间浏览一两遍，做到胸中有全局，特别对经常研究考试题，经常自己出题的孩子，拿到试卷总有一种似曾相识的感觉，绝大部分类型题都做过，绝大部分题目自己都会做，浏览全卷起到了稳定情绪、坚定信心的作用。

2. 合理编排解题顺序。

总体浏览试卷之后，就开始答题了。先答哪些，后答哪些，顺序安排得当，才有利于发挥自己的优势，有利于真实地表现出自己的实力，不至于答完题后产生过多的遗憾。

常见的解题顺序一般有:先易后难,从头到尾,先高分后低分,从客观性题目入手等。这些方法各有自己独特的优势,同时也会产生一定的弊端,分别适用于不同的场合、不同的孩子。具体选择哪种答题顺序,一定要结合孩子的实际情况选择。

3. 合理安排考试时间。

科学使用时间,是临场发挥的一项重要策略。科学安排时间的原则是,保证在能得分的地方决不丢分,不易得分的地方力争得分。

赵丹学习用功,成绩也不错,但是她做题速度慢是出了名的。从小学到初中,她经历的考试也不少了,但是能完完整整答完试卷的次数却是屈指可数,虽然她做题的准确率很高,但交卷时试题做不完永远是她的遗憾。

一直以来她总是认为自己做题速度太慢,也尽量地克服这个毛病。听说熟悉题型,做起来就快多了,于是她就做大量的习题,本以为速度会有很大的提高,一考试才知道还是做不完。尤其是英语考试,虽然她记住的单词量挺大,做阅读理解时准确率高,但是耗时多。她的慢很大原因是老反复阅读短文,明明做出来了,还是不相信自己,又返回去看原文,斟酌一番,无形中浪费了不少时间。

然而这种做题习惯一经养成就很难改掉,最终结果不是作文写得极其仓促,就是最后一篇阅读理解或完形填空不得不靠猜,胡乱地写个答案,这是她在不得已之下采取的一种方法。试卷做不完这一难题一直困扰着她。

摆脱不良的答题习惯,大体是要做到干脆利落,不磨蹭,更不要在已做完的题上浪费时间,不能像赵丹一样,明明做出来了,还去验证一番。答题时,力求一遍正确,相信自己的直觉和语感,不要反复修改。写作文时只打腹稿或列简单的提纲,没必要写好了再誊抄。带着问题阅读则能在阅读理解上省一些时间。

4. 认真审题,避免错漏。

审题,就是在动笔之前看清题目,对题目进行分析、揣度,弄清题目的含义和要求。审题是答题的前提,也是答好题的关键,不认真审题的话,很容易造成看错或看漏的后果。绝不能因为赶时间而省掉审题这一环,这样的话,只会得不偿失。遇上看不懂的题绝不能草草了事,可以多看几遍,不要慌张,审好了题再下笔,才能把题目答得既快又准,避免不必要的失分。

张伟这次的考试成绩不理想,只有70分。这是一次简单的历史考试,老师本来认为以张伟的水平来说,这次上85分是极有可能的,他平常学习用功,课外书看得又多,能说会道,有很强的逻辑能力,讲起道理来一套一套的。况且这次考试不难,一般水平的孩子上80分也没问题。

这次考试的题目一点都不难,张伟答的时候也极顺手,怎么会就这么一点儿分呢? 真是不可思议。

拿到试卷的张伟,看着打叉的试题不禁大声喊冤:有两道选择题明明问的是请选出错误或不符的一项,张伟却想当然地把正确的选项选上了;看到大题的错误时,张伟更被自己的粗心气坏了,其中一道是因为题目没有从头到尾看下来,中间的一问被落下了,18分的题仅得7分。张伟可怜兮兮地看着那个70分,哎,这次考试真是吃尽了不好好看题的亏。

5. 舍得放弃"卡壳"问题。

考试中突然"卡壳"是一种常见的现象,绝大多数的孩子都碰到过,本来考试进行得很顺利,突然间被一道题卡住了,而且通常不是一道难题,而是一道似是而非的题，平时甚至做过，觉得熟悉，可惜就是想不起来。这个时候卡壳就会干扰考试时的心情，影响考试水平的正常发挥，直接关系到考试成绩的高低。

其实有时候，舍得放弃实是明智之举。如果写文章时舍不得放弃已收集到的资料，写成的文章只会是资料的堆砌，不会是一篇成功的文章。放弃卡壳的题来做其他的题，有时候你还会在做其他题的过程中突发灵感，想起解答卡壳的题的答案来。要舍得放弃，绝不能因为一道题卡壳了，而影响到其他题目的完成。与其花时间去想一道卡壳的题，还不如用那些时间来做其他题或检查卷子。

6. 交卷前要认真检查。

与那些做完题喜欢反复检查而浪费时间的孩子相反，有的孩子没有交卷前检查的习惯，每次答完题不管三七二十一就匆匆交卷，因为答完题对他们来说是一种解脱，既然答完了，就要马上离开考场。而且好多孩子还有这样的心理，早点交卷说明答题速度快，更有人认为这能表示对考试的不在乎。匆匆交卷的背后还有逞能的因素在作祟。因此，要帮助孩子避免匆匆交卷的坏毛病，使他养成检查的好习惯。

因为检查时间不长，不可能对每一道题都重新做一遍，只能有重点地检查。所以，可以教导孩子在做题的时候对于有疑惑的试题要做标志，方便有针对性的重点检查。另外，检查要细心，因为题目刚刚做过，原先的思路、解题过程还在，如果不细心检查，很可能得出的结果与原先的还是一样，这样的检查只会白白浪费时间。

解决孩子偏科的问题

偏科是孩子学习中的常见现象,也是人才成长过程中不可避免的现象。由于偏科,许多孩子常常无可奈何地输在考试的水平线下,这既让孩子本人倍感烦恼,也让父母担心不已。

肖波在房中学习,几乎忘了时间。马上就要开饭了,爸爸在客厅中喊他吃饭,肖波匆匆忙忙走出来。

爸爸笑着摇头:“又在攻克什么难题啦?”

肖波开心地嚷嚷:“刚刚把数学老师留的最难的那道题解出来了！真爽!”

爸爸点着头:“我就知道肯定是在解题！除了数学,还有什么科目能给你这么大的吸引力?”

肖波撇撇嘴:“爸爸,怎么听着您好像不高兴我勤奋努力啊？没想到,没想到!”肖波装模作样,一副不理解的表情。

爸爸敲敲肖波后脑勺:“你这家伙,明知道我说什么！要是你语文和英语也有这种热情,我就放下心头大石了!”

肖波扒着饭,对爸爸说:“真扫兴!”

上述事例中的肖波爱好数学、物理等理科,而对于英语、语文却不感兴趣。生活中很多孩子都有偏科现象,或者偏爱文科,或者偏爱理科,或者是文理科中的某一两门。只有少数孩子能真正做到不偏不倚,各科齐头并进。

孩子产生偏科的原因往往有很多,而且也较为复杂。孩子正处在形象思维和抽象思维的过渡时期，特别容易对一些较形象的科目感兴趣。比如对文科感兴趣的一个孩子说：“小说有一种特殊的魅力，我喜欢里面的故事，每当看着一本小说，我便沉醉于其中，那是一种美的享受，对理科可就没有那种感受。”

老师个人素质的高低，责任心的强弱，也会直接影响孩子对此科目的喜爱与厌恶。一位爱好数学的孩子深有体会：“在小学，我有一位非常好的数学老师。他待人非常诚恳，课余时间常与我们一起讨论研究数学问题。在他的感染下，我觉得学习数学是一种乐趣。但对于语文，除了上课听一下，就置之不理了。再加上后来调来的一位新语文老师，我很难与她适应，而她也对我们不上心，自然成绩就一落千丈，于是就不爱学语文了。”

同时，社会思潮也会直接渗入到孩子的学习中。比如，有的孩子听信了“学好数理化，走遍天下也不怕”这句话，就会把主要精力放在理科的学习上，对文科自然就冷淡了。

我们都知道，学校教育是基础教育。学校开设的各门功课都是为以后发展打基础的重要学科。如果孩子对某些学科不感兴趣、不喜欢，则可能意味着这方面的教育将是不完整的。

有的父母并没有意识到，孩子对学科的好恶与他们的学习成果有密不可分的关系。

对于他们喜欢的学科，孩子们能够主动地进行创造性的学习，将学习的困难当作令人兴奋的挑战，“再苦再累也不怕”。而对于他们不喜欢的学科，孩子们是把它当作自己的负担来看待的。即使是相对轻松的学习，对他们来说也是难以忍受的。可见，对学科的好恶是影响学习过程和学习成果的重要因素。

换一个角度来看，我们发现，好的学习成果也会激起学习的兴趣，使得过去的不喜欢变成喜欢，这一点在小学低年级尤其要重视。一般来说，孩子在小学低年级的时候并没有对学科形成稳定的、内在的兴趣。他们的学习动机大多也是外在的。这时，老师和他人的较高评价能够引起孩子对学科的热爱，并进一步转化为学习的动力。而有些父母却惯用所谓“客观”、“公正”、“严厉”的态度来评价孩子的学习，对孩子的优点和第一个进步认为是应当的，视而不见。这在一定程度上打击了孩子学习的兴趣和热情，导致孩子不喜欢某些学科。

要纠正孩子偏科，第一就是要激发孩子对所有学科的兴趣。心理学研究表明，兴趣是学习动机最现实、最活跃的成分，是学习的一种动力。孩子某一学科学得差，首先应培养孩子对该学科的兴趣。例如，孩子对数学不感兴趣，在小学低年级，学习数的概念的时候，不妨和孩子一起做一些数字游戏，孩子不仅从游戏中形成数的概念，也培养了孩子学习数学的兴趣。

第二，要让孩子明白偏科的危害。一定要让孩子认识到偏科对于学习、考试和个人发展的不良影响。过早偏科会影响对其他科目的兴趣，如果不加以调整，势必会导致对偏科外的科目没兴趣，总体成绩下降，造成一种恶性循环，最终让孩子对除自己特长外的科目形成一种“这些我都不在行的态度”，弄不好会彻底丧失对不在行科目的学习信心。只有让孩子看到这一点并下决心改变现状，才可能采取有效措施尝试扭转局面。

第三，鼓励孩子在弱势科目上的点滴进步，继续发挥优势学科。如课堂发言，读书笔记等等。引导孩子主动去接触弱势学科，加强对弱势学科的日常学习，也可以从相关学科中找出突破点，进而带动弱势学科的提高。

对于孩子的优势学科，父母千万不要打击他们的学习热情，要鼓励孩子保持这样的学习劲头。争取利用学科之间可能存在的联系，从喜欢的学科引发对另一学科的兴趣。

最后，充分运用父母的影响作用。父母的关注与期待，会对孩子产生很大的影响，这在心理学上称为“皮革马里翁效应”。父母的期望值高，孩子奋斗努力的动力会更大，这对于偏科的孩子尤其重要。一般偏爱某科的孩子，父母总是会强化这一点；而孩子厌烦或者忽略的科目，父母也会弱化对孩子的期望。这也是造成两种不同循环的重要原因。因此，父母要科学理智地利用这种影响力，才能在一定程度上改变孩子的偏科。

正确对待孩子的考试成绩

孩子考试取得了好成绩，父母们当然都高兴。但是当孩子的考试成绩不理想时，大多数的父母常常不能正确对待，往往会动怒生气，对孩子做出强烈的反应。

一位妈妈在责问刚放学回家的孩子：“你怎么这么差？考了这么低的分，难道你天天上学就是为了拿个不及格吗？”

孩子委屈地说：“这次我努力了，可是……”

“可是什么？！”

孩子还没有说完，就听见妈妈的音量一下子响了起来，“晓波上次和你考得一样，这回人家升到了前十名，而你不但没进步，还落后了。你不感觉丢人，我还替你丢人呢！看来你真是没出息了！"

"我跳绳优秀……"

"你还犟嘴，跳绳优秀有什么用？"

妈妈的一阵阵责骂声和孩子委屈的哭声陆续传来……

父母关心孩子的考试分数也是无可厚非的，但是常常有很多父母片面地夸大了分数的功能，把分数高低作为判断孩子学习优劣的唯一标准。如果孩子得了高分，父母就显得非常开心，给孩子各种各样的奖励；反之，如果孩子的分数下降了，就认为孩子"笨"、"没出息"，甚至对孩子又打又骂。

更有的父母将孩子的分数当成自己在同事和朋友面前"露脸"、"争面子"的重要依据。如果孩子得了高分，就觉得自己很有面子，很自豪；如果分数低了，就认为自己很丢人，没有教育好孩子。

还有的父母在孩子考试成绩不理想的情况下，虽然没有打骂孩子，仍然以一种表面看上去是鼓励的语言去对待孩子，实际上却把孩子的学习目标定位在满分上，对孩子的学习能力、态度、方法、兴趣，以及对知识的真实把握状态没去关注。这种行为看似鼓励孩子好好学习，实质是在追求作为父母的满足感。

有一位小学教师，她的儿子很聪明，她觉得自己所在的小学不好，特意把儿子送到市里最好的一所寄宿制小学。那所小学以考试成绩好而著称。孩子们从上一年级开始，每周都有考试。

这位妈妈每到周末接儿子，总是首先谈考试，问语文考了多少，数学考了多少，班里有多少同学考了100分。她儿子尽管学习也不错，但考试卷上总会或多或少错一点，没有一次能拿到100分。

她也懂得孩子需要鼓励，就总是安慰说“没事，九十多分也很好，争取下次考100分”。

期中考试前的一次小考中，儿子终于数学拿到一个100分，高兴极了。她接了孩子回家，马上就让孩子给姥姥和奶奶打电话，汇报考了100分。姥姥家和奶奶家的人都一个劲地夸孩子，这个成绩给所有的人都带来极大的愉快和幸福，纷纷许诺说期中考试再拿了100分就给这样那样的奖励。

到期中考试，她一再叮嘱儿子考试要认真，好好检查卷子，不要出错，争取考100分。考试后去接孩子，这个8岁的小男子汉一见妈妈就哭了，告诉她自己没考出一个100分。妈妈尽管很失望，却没批评孩子，只是又一次鼓励他争取下次考100分。

这位妈妈觉得自己是那种总能够给孩子鼓励的父母，认为儿子没拿到100分流泪是有上进心的表现，她觉得自己对孩子的激励很有效。其实，这也是一种不正确的教育方式。这位妈妈及她的家人那种共同的“满分癖好”，在学习动机上会给孩子误导，而他们对考出满分后的种种许诺，看似和蔼，实则粗暴，没有多少激励作用，却给孩子施加了很大的压力。

只有在科学地看待孩子的考试分数的基础上，才能正确地对待孩子的考试成绩。根据心理学家和教育学家的意见，父母主要需要注意以下几点：

对孩子要择善赞赏。父母要在孩子的试卷中尽量寻找一些可以称赞的“成就”。即使孩子考试成绩不及格，甚至很差，也应克制情绪，切莫动怒生气，要耐心细致地在试卷中去“发掘”一些可以称赞的“成就”。相对而言，只要父母有耐心，仔细去“发掘”，总还是可以在分数很低的试卷中“发掘”到“成就”的。一旦

“发掘”到“成就”，就要抓住“成就”积极赞赏、鼓励。

和孩子一起探查原因。父母应与孩子一起探查某些科目成绩欠佳的原因。父母可以向孩子提出一些问题，例如，“你能否解释某一科目成绩低落的原因”、“平时是否能完成老师布置的作业”或“该科目在学习上是否有困难”等等。在追查原因的过程中，父母要态度和蔼，使孩子敢说真话，不作搪塞性回答。一方面，父母要坚持深入地追究，直至孩子能说出真正的原因为止；另一方面，父母要谨记不要发怒，不要责备孩子。

让孩子做出合理的解释。父母在查问原因的过程中，不要接受孩子的“我不知道”这种回答，要让孩子做出“合理”的解释。所谓合理的解释，就是指孩子说出了导致成绩低下的真正原因。当然，在这些原因中，包括了正面的和反面的。比如功课太深奥，暂时达不到，是属于正面的；而自己懒散和上课时注意力不集中等，则是反面的。当孩子做出了合理的解释之后，父母一方面要让孩子提出改进的方法和今后应该采取的行动；另一方面，要让孩子提出有何需要协助的要求，父母应该想方设法切实地给予满足。

引导孩子对试卷进行分析总结。要让孩子明白，考试绝非是学习的最终目的，而是学习过程中的一个全新的起点。考试后，要引导孩子认真反思，总结本次考试的经验教训，找出知识上存在的不足之处，以便进一步巩固、深化记忆。比如，对于做错的试题要想一想是如何做错的，找到答案先把错误改正过来等。这样，既可以在考好的基础上再次拔高，还可以找出错误的原因，以便下次改正。

更重要的是“下一次”

考试过去一段时间后，有的孩子因为考试失败，很难从失败的阴影中走出来，很长一段时间都沉浸在失败的阴影中。

期中考试的成绩马上就要揭晓了，鲁曼期望着自己的努力能有所收获。为了这一次重要的考试，她做了大量的准备，每天起早摸黑地学习。明年就是毕业班了，无论是父母，还是老师，都说这是关键的时候，再不进步的话，到了毕业班想进步就没那么容易了，到时大家都努力，想超过别人就更难了。考试总算一科科地熬了过来，等待成绩的日子也慢慢地到来了。

语文成绩下来了，鲁曼只得了57分。鲁曼觉得一切都突然间静止了，眼前只有那红色的57分，辛辛苦苦学了这么久，语文成绩还是不见提高。一直以来，鲁曼的语文总是在及格线上徘徊，看来进步是没什么希望了，多么让人失望的分数啊！

接下来一门一门的成绩都下来了，鲁曼由原来的期待变得逐渐地麻木。剩下的那两门成绩她也能猜出个八九不离十，果真不错，下来的成绩并没有她预想的好。

放学后，鲁曼在回家的路上走着，脚步是那样的沉重，低着头的鲁曼是那样的没有生气：我本来就不是学习的料，苦苦学习又有什么用呢？人家轻轻松松就能考及格，考重点高中就更别提了，真笨，怎么学业就不如人家……

接下来的日子里，鲁曼沉浸在深深的痛苦和自卑中。老师如何讲评试卷，她都不知道，没希望是这次期中考试给她的最大体会，她陷入伤心中无法自拔。

对于成绩不好的孩子来说，考试就是折磨。他们痛恨考试，因为每次考试都是对他们的打击。就像鲁曼一样，即使在考试过后的一段时间，他们也要承受很大的煎熬。

也有些成绩好的孩子从小就生活在顺境中，在家受父母的疼爱，在校受老师的关心、同学们的羡慕。由于他们一直生活在顺境中，对挫折的心理承受能力比较差，一遇到挫折，如偶然的考试失误，就会产生失望、痛苦和不愉快等情感体验，惶恐不安，甚至丧失信心、悲观失望，做出一些傻事来。

某市一个年仅15岁的初二孩子王刚，因为期末成绩不理想，写好遗书后，从自家7楼阳台跳下自杀身亡。在人们深感震惊的同时，教育专家指出，加强中学孩子素质教育，让孩子学会勇敢面对挫折已刻不容缓。

在王刚的老师和同学们眼里，他是个非常懂事听话、要强心细的好孩子。小学时他成绩突出，但上了中学后，这种优越感没有了。尤其是初二第一学期考试，王刚在全班排到40多名，感到非常伤心。而下学期期末考试不理想，数学不及格，对他更是打击很大。

听说了这件事后，人们议论纷纷。一位孩子的妈妈的话很有代表性："这么小的孩子因为考试失利，选择了自杀，这太让人震惊了！对他来说有什么比死亡更可怕呢？这件事给社会、学校、父母都敲响了警钟，尤其是那些对孩子期望值过高的父母更应该清醒，学习成绩固然重要，但千万别让它成为孩子过于沉重的心理负担。"

正是由于王刚缺乏对挫折的正确态度，导致最后出现了大家都不愿意看到的后果。

迎战挫折是每个人一生都要面对的考验，青少年时期更是心理工程打基础的阶段。因此，父母要帮助孩子学会理解生活的真正内涵，培养对生活丰富的兴趣和热情，明白生活不只是学习，也不是一帆风顺的，帮助孩子提高对挫折的心理承受力。

让孩子学会正视考试的失败。没有一个孩子希望自己的考试失败，但是在繁多的考试中，偶尔失败也是情理之中的事情。父母要让孩子明白，每个人都有失败的可能，考试失败没有什么大不了的，关键是失败不失志，要有勤奋努力急起直追的勇气和斗志。另外，让孩子勇于承认失败，敢于承认失败，这样才能从根本上找出失败的原因，才能制订出切实可行的计划，才能反败为胜。

不要指责、批评孩子的失败。很多孩子考试失败了，常常会感到自责，这时候，他们需要的是理解，需要父母来分担他们心中的苦闷。对于这些孩子，父母应该克制住自己去指责、批评孩子，因为在这个时候温暖的安慰会比批评的效果好的多。如果这时，父母也将自己的情绪发泄到孩子的身上，会严重打击他们的自信心，这样只会使孩子陷入更深的自责，或者消极地抱怨之中。

帮助孩子分析考试失败的原因。失败的经验比成功的喜悦更加宝贵。在孩子心情低落的日子里，父母不但要鼓励他们，还要帮助他们找出考试失利的原因。父母可以和任课老师、孩子沟通，帮助孩子一起找出考试失败的原因。父母还需要提醒孩子，认真分析考试的试题，将那些错题，难题一一解决，并将这些题摘记下来，以便以后起警示和巩固知识的作用。

引导孩子从失败中振作起来。失败并不可怕，怕就怕经不起失败的打击。

怕就怕在甘居落后，不思进取，而一蹶不振。俗话说“失败是成功之母”，父母要教导孩子认真从失败中吸取教训，重树信心，下定决心，用坚强的意志和顽强的毅力去学习、去拼搏，迎头赶上。告诉孩子，更重要的是“下一次”！考试失利后，父母要引导孩子虚心请教同学、老师，解决学习中存在的问题。这样，才能在下一次收获成功。

小测试：孩子考试焦虑吗？

下面的测试旨在对小学阶段的孩子考试焦虑心理作客观的诊断。测试时间最好能安排在一次较重要的考试刚结束之后。

测试共有 33 道题，每题有 4 个备选答案：A、B、C、D。让孩子根据自己的实际情况，拿好笔和纸写出相应字母，每题只能选择一个答案，其相应字母的意义是：A. 很符合自己的情况；B. 比较符合自己的情况；C. 不太符合自己的情况；D. 很不符合自己的情况。

问题：

1. 遇到很难的考试，就担心自己会不及格。

2. 在考试时，就会去想与考试无关的事情，注意力集中不起来。

3. 在考试时，常常紧张得连平时记得滚瓜烂熟的知识也回忆不起来。

4. 在考试时，常常沉浸在空想中，一时忘了自己是在考试。

5. 发现剩下的时间来不及做完全部试题时，就急得手足无措，浑身大汗。

6. 担心自己如果考的分数不理想,会受到家长或老师的严厉指责。

7. 在考试后,发现自己懂的题没有答对时,就生自己的气。

8. 有几次在重要的考试之后,自己腹泻了。

9. 对考试十分厌烦。

10. 到了考试那天,自己就会不安起来。

11. 一听到考试的铃声响,自己的心马上就紧张得怦怦跳。

12. 遇到重要的考试,自己的脑子就变得比平时迟钝。

13. 看到考试题目越多、越难,就会越感到不安。

14. 在考试时,自己的手会变得冰凉。

15. 在考试时,自己感到十分紧张。

16. 在重要考试的前几天,自己就坐立不安了。

17. 临近考试时,就会腹泻。

18. 一想到考试即将来临,身体就会发僵。

19. 在考试前,总感到苦恼。

20. 在考试前,感到烦躁,脾气变坏。

21. 只要考试不记成绩,就会喜欢考试。

22. 认为考试不应当在现在这样的紧张状态下进行。

23. 不进行考试,自己能学到更多的知识。

24. 在紧张的复习期间,常会想:"这次考试,如果分数不理想怎么办?"

25. 越临近考试,注意力就越难集中。

26. 一想到马上就要考试了,对参加任何文娱活动都没有兴趣。